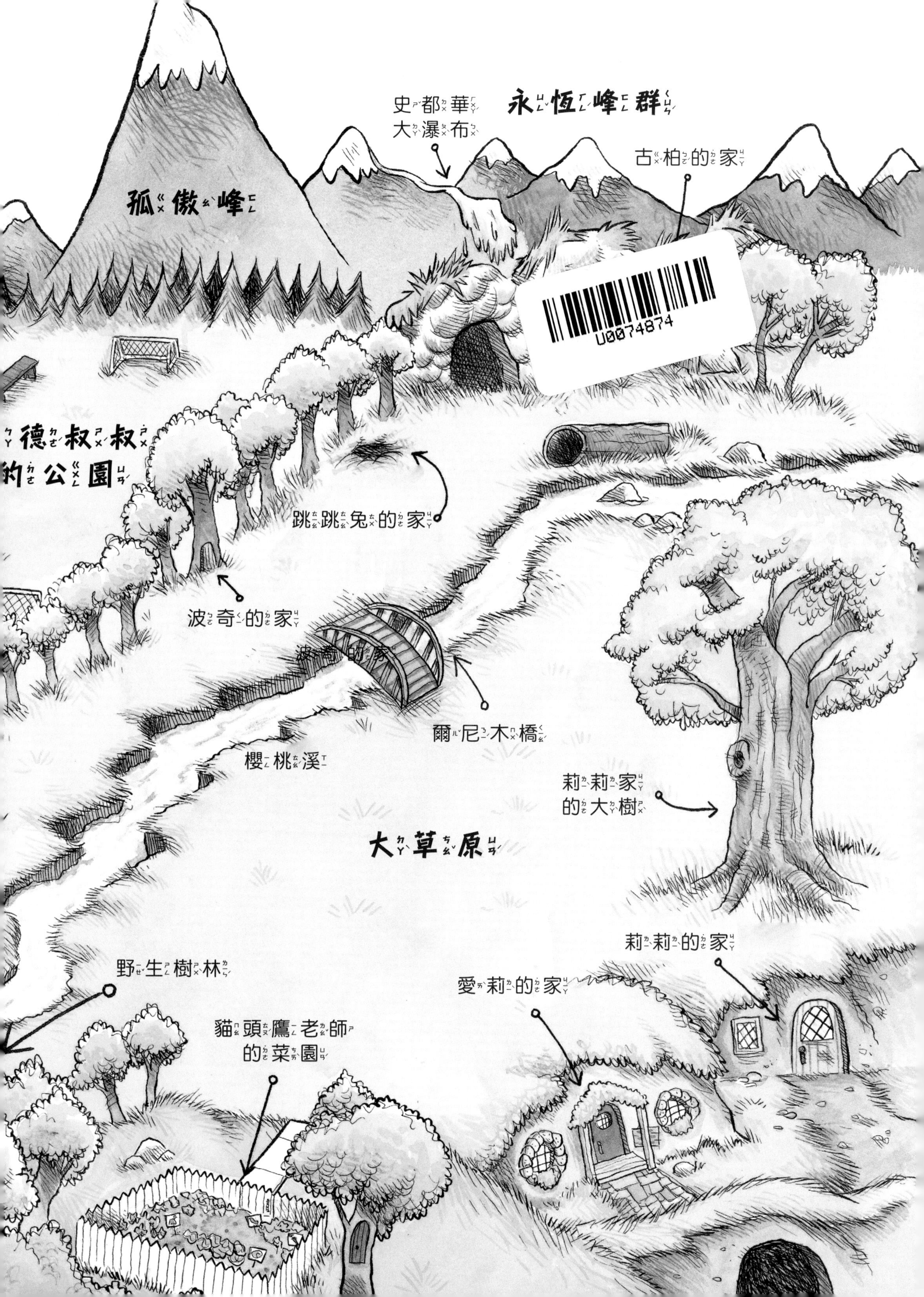
永恆峰群
史都華大瀑布
古柏的家
孤傲峰
德叔叔的公園
跳跳兔的家
波奇的家
爾尼木橋
櫻桃溪
莉莉家的大樹
大草原
莉莉的家
愛莉的家
野生樹林
貓頭鷹老師的菜園

給我的孩子……

每一位對我來說都是如此珍貴。

——西恩· 柯維 Sean Covey

為了紀念我的父親艾倫· 柯提斯。

謝謝您給我的鼓勵。

——史戴西· 柯提斯 Stacy Curtis

文／西恩・柯維 Sean Covey　　圖／史戴西・柯提斯 Stacy Curtis

譯／柯沛寧（沛德國際教育機構 執行長）

目錄

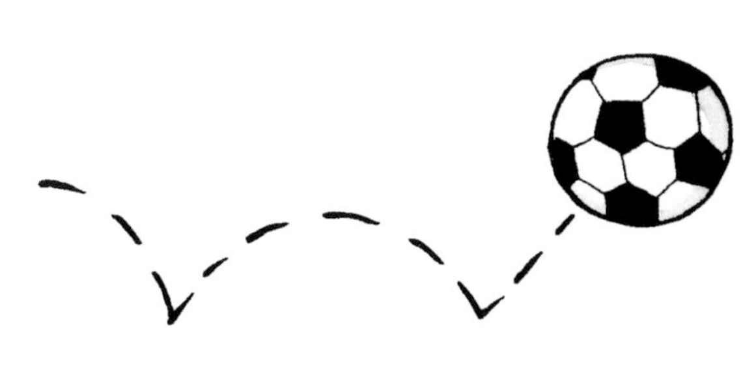

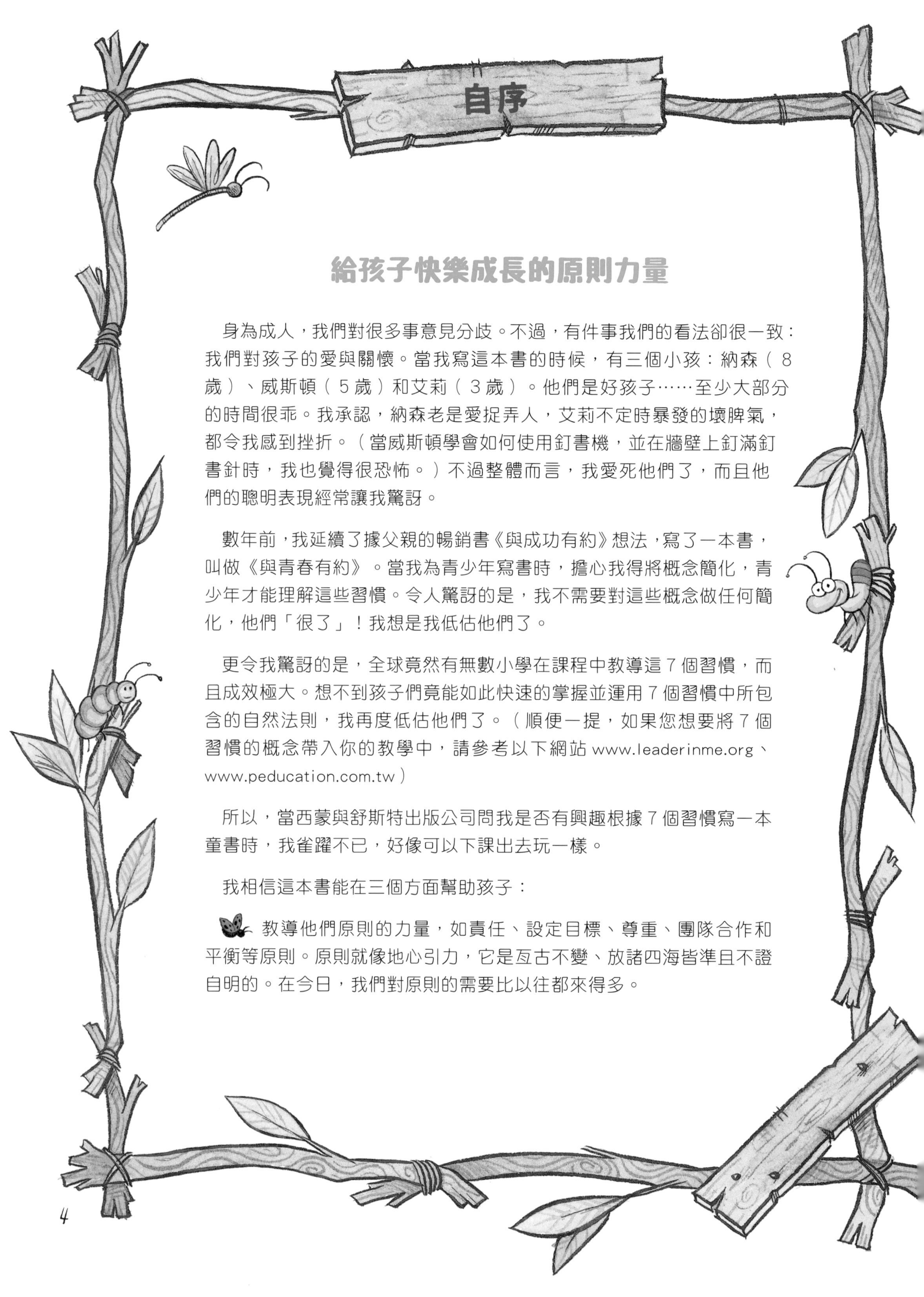

自序

給孩子快樂成長的原則力量

身為成人，我們對很多事意見分歧。不過，有件事我們的看法卻很一致：我們對孩子的愛與關懷。當我寫這本書的時候，有三個小孩：納森（8歲）、威斯頓（5歲）和艾莉（3歲）。他們是好孩子……至少大部分的時間很乖。我承認，納森老是愛捉弄人，艾莉不定時暴發的壞脾氣，都令我感到挫折。（當威斯頓學會如何使用釘書機，並在牆壁上釘滿釘書針時，我也覺得很恐怖。）不過整體而言，我愛死他們了，而且他們的聰明表現經常讓我驚訝。

數年前，我延續了據父親的暢銷書《與成功有約》想法，寫了一本書，叫做《與青春有約》。當我為青少年寫書時，擔心我得將概念簡化，青少年才能理解這些習慣。令人驚訝的是，我不需要對這些概念做任何簡化，他們「很了」！我想是我低估他們了。

更令我驚訝的是，全球竟然有無數小學在課程中教導這7個習慣，而且成效極大。想不到孩子們竟能如此快速的掌握並運用7個習慣中所包含的自然法則，我再度低估他們了。（順便一提，如果您想要將7個習慣的概念帶入你的教學中，請參考以下網站 www.leaderinme.org、www.peducation.com.tw）

所以，當西蒙與舒斯特出版公司問我是否有興趣根據7個習慣寫一本童書時，我雀躍不已，好像可以下課出去玩一樣。

我相信這本書能在三個方面幫助孩子：

- 教導他們原則的力量，如責任、設定目標、尊重、團隊合作和平衡等原則。原則就像地心引力，它是亙古不變、放諸四海皆準且不證自明的。在今日，我們對原則的需要比以往都來得多。

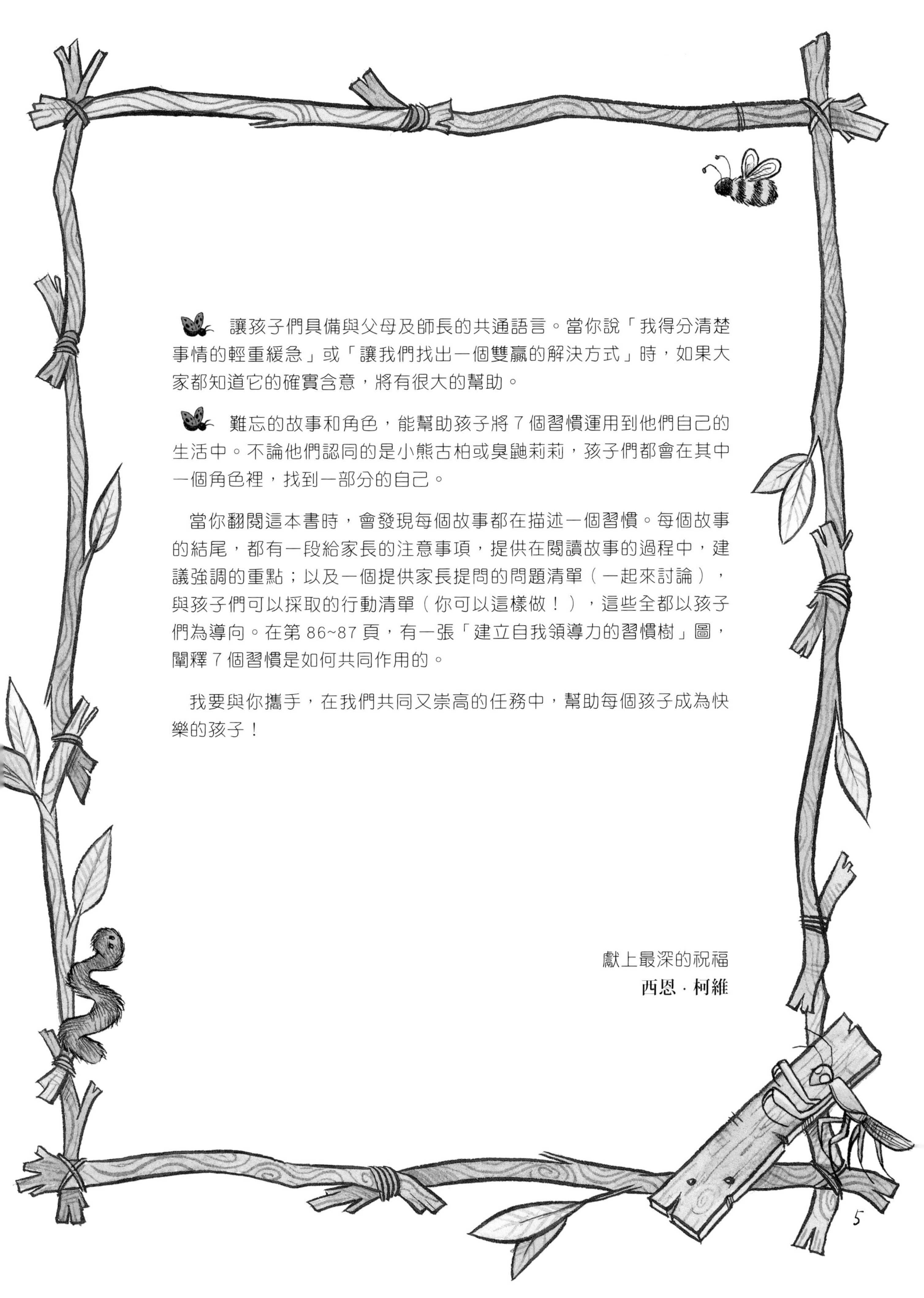

讓孩子們具備與父母及師長的共通語言。當你說「我得分清楚事情的輕重緩急」或「讓我們找出一個雙贏的解決方式」時，如果大家都知道它的確實含意，將有很大的幫助。

難忘的故事和角色，能幫助孩子將 7 個習慣運用到他們自己的生活中。不論他們認同的是小熊古柏或臭鼬莉莉，孩子們都會在其中一個角色裡，找到一部分的自己。

當你翻閱這本書時，會發現每個故事都在描述一個習慣。每個故事的結尾，都有一段給家長的注意事項，提供在閱讀故事的過程中，建議強調的重點；以及一個提供家長提問的問題清單（一起來討論），與孩子們可以採取的行動清單（你可以這樣做！），這些全都以孩子們為導向。在第 86~87 頁，有一張「建立自我領導力的習慣樹」圖，闡釋 7 個習慣是如何共同作用的。

我要與你攜手，在我們共同又崇高的任務中，幫助每個孩子成為快樂的孩子！

獻上最深的祝福

西恩．柯維

認識

小熊古柏

古柏是 7 橡鎮上體型最大的孩子，但是他非常友善。他喜歡戶外運動與各種小蟲，最喜歡的昆蟲是螞蟻。

跳跳兔

跳跳兔喜歡各項運動。他愛踢足球、打籃球、騎腳踏車、游泳和跳躍，大概所有的運動他都喜歡。他也喜歡收集各式各樣的球鞋呢！

臭鼬莉莉

就一隻臭鼬來說，莉莉的手非常巧。莉莉喜愛美術，她大部分的時間都花在畫圖、彩繪和動手做東西。她很愛她的弟弟史汀克。

松鼠山米

從山米出生的那一刻起，他就喜愛修理東西。他總是隨身帶著各種工具。與所有的松鼠一樣，山米跟雙胞胎妹妹蘇菲住在樹屋裡。

7 橡鎮的朋友們

松鼠蘇菲

蘇菲是山米的雙胞胎妹妹。這世界上她最喜歡的是閱讀和數學。有時候，她會使用一些很艱深的字詞，並跟朋友說明這些字詞的意思。

波奇身上有很多尖尖的刺，可以用來表現他的心情：悲傷的時候，這些刺是下垂的；興奮的時候，刺會挺得高高的。波奇喜歡悠閒的躺在吊床上吹口琴。

豪豬波奇

老鼠愛莉

愛莉是一隻老鼠，喜歡跟在大家身邊，特別是她最好的朋友臭鼬莉莉。愛莉跟祖母住在一起，喜歡穿祖母的鞋子，戴祖母的珠寶項鍊。

這是**小蟲爾尼**。他很害羞，如果你想見到他，必須要努力找找……

松鼠
7
歡迎光臨

我覺得好無聊

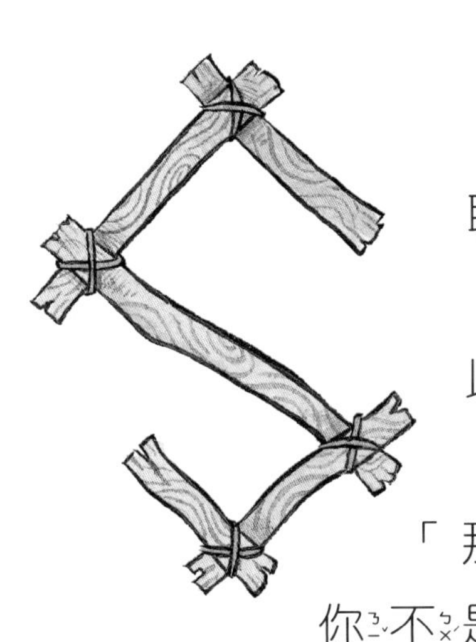

松鼠山米覺得無聊、好無聊，無聊透頂了！

「媽，我好無聊喔，沒有事情可以做。」

「你收集的東西呢？」媽媽問，「那些壞掉的玩具、收音機、手機呢？你不是喜歡修理它們嗎？」

「今天我不想玩那些。啊！也許蘇菲能想個好玩的事情讓我做。」

山米跑去敲蘇菲的門。

砰！砰！砰！

沒有人應門。

「蘇菲去圖書館了。」

媽媽對山米說，「她去歸還上星期借的那些書，而且可能會再帶一百本回來喔！」

「至少她不會無聊。」山米嘀咕。

「你也可以不無聊啊！」媽媽建議他，「去看看波奇能不能和你玩吧！」

山米來到豪豬波奇家，看到波奇正躺在吊床上。

「你好，波奇。你在做什麼？」

「你看我像在做什麼？」波奇說：「我正躺在我的吊床上。」

「我好無聊喔，你能不能想點好玩的事讓我做？」

「可以，來躺躺我的吊床吧！」

「嗯……這聽起來更無聊。」

「一點也不會！既然你這麼想，就去看看莉莉在做什麼吧！」

山米來到臭鼬莉莉家，莉莉正在房間裡畫畫。

「你好，莉莉，我好無聊，你能想點好玩的事讓我做嗎？」

「好啊，你可以幫我畫布偶，然後我們再用紅紙做畫框；或是，你也可以幫我把尾巴塗上顏色。」

「嗯……我不想畫畫，你不能想點其他好玩的事情嗎？」

「不行，我喜歡畫畫。不然你去看看古柏在做什麼吧！」

山米來到古柏家，小熊古柏拿著放大鏡，正在看草地裡的某種東西。

「你好，古柏。你在做什麼？」

「螞蟻！我在觀察螞蟻！」

古柏將山米拉到身邊，並把放大鏡塞到他手裡。

「彎下腰你就會看到好幾百隻螞蟻，真是不可思議啊！」

山米看著草地說：「嗯！但是我怎麼覺得有點恐怖。我不想看螞蟻，你不能想點其他好玩的事情讓我做嗎？」

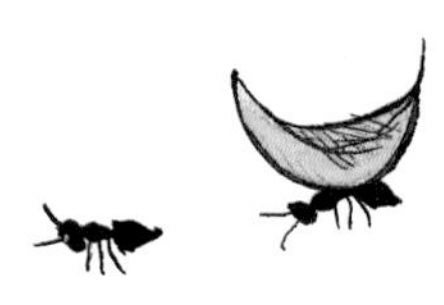

「不行，我現在只對螞蟻有興趣。不然你去看看跳跳兔在做什麼吧！」

山米來到跳跳兔的家，看到跳跳兔正在家門口打籃球。他運著球到山米身邊問：「要不要打球？」

「不，我不想打籃球。你可以想點好玩的事讓我做嗎？」

「喔！那你注意看，我很厲害喔！」跳跳兔一躍而起，把球塞進籃框裡。

「灌籃得分！」

山米嘆了嘆氣，大家似乎都沒有好玩的點子，也許他可以和老鼠愛莉玩，於是他走到愛莉家。

甜蜜的家
及時行樂

愛莉的奶奶正在粉刷前廊。

「奶奶好，請問老鼠愛莉在家嗎？」

「她喉嚨痛，正躺在床上休息呢！」

「糟糕，」他停頓了一下，「我好無聊，你想玩遊戲嗎？」

愛莉的奶奶大笑，「不行唷！我正忙著刷油漆。」

「天啊！怎麼都沒有人能幫我找到好玩的事？我好無聊喔！」

「咦？那是你的問題吧！該負責找事情做的人是你自己，不是別人。」

「什麼意思？」

「我的意思是，你可以自己創造好玩的事，不需要靠別人。只要看看四周，一定能找到你感興趣的事情做。」

山米看看四周。他看到雲，看到樹，看到三個垃圾桶沿著房子擺放，垃圾桶上面有一臺老收音機，電線都已經外露了。

突然，山米的腦中靈光一現！

「你還要那臺老收音機嗎？」山米問。

「不要了，因為它壞掉了，所以我才準備把它拿去回收。」

「可以給我嗎？」山米問：「我最愛收音機了！」

「當然，你可以把它帶走，不過它是壞掉的喔！」

山米拿起收音機帶回家，把它擺在房間的地板上。他花了幾個小時，才讓收音機發出聲音，到了午餐時間，收音機已經修好了。他將緞帶綁在收音機上，還在上面貼滿星星，然後帶著收音機，回到愛莉家。

月球

「這是什麼？」愛莉的奶奶問。

「祝愛莉快點康復的禮物！我把它修好了。這樣她就可以一邊聽收音機，一邊休息。我不無聊了，我終於明白要怎麼為自己找好玩的事了。」

「太棒了！我們進去拿給愛莉看。」

當愛莉看到收音機時，綻放的笑容像一片甜瓜一樣大。

「我喜歡這條緞帶！」她說。

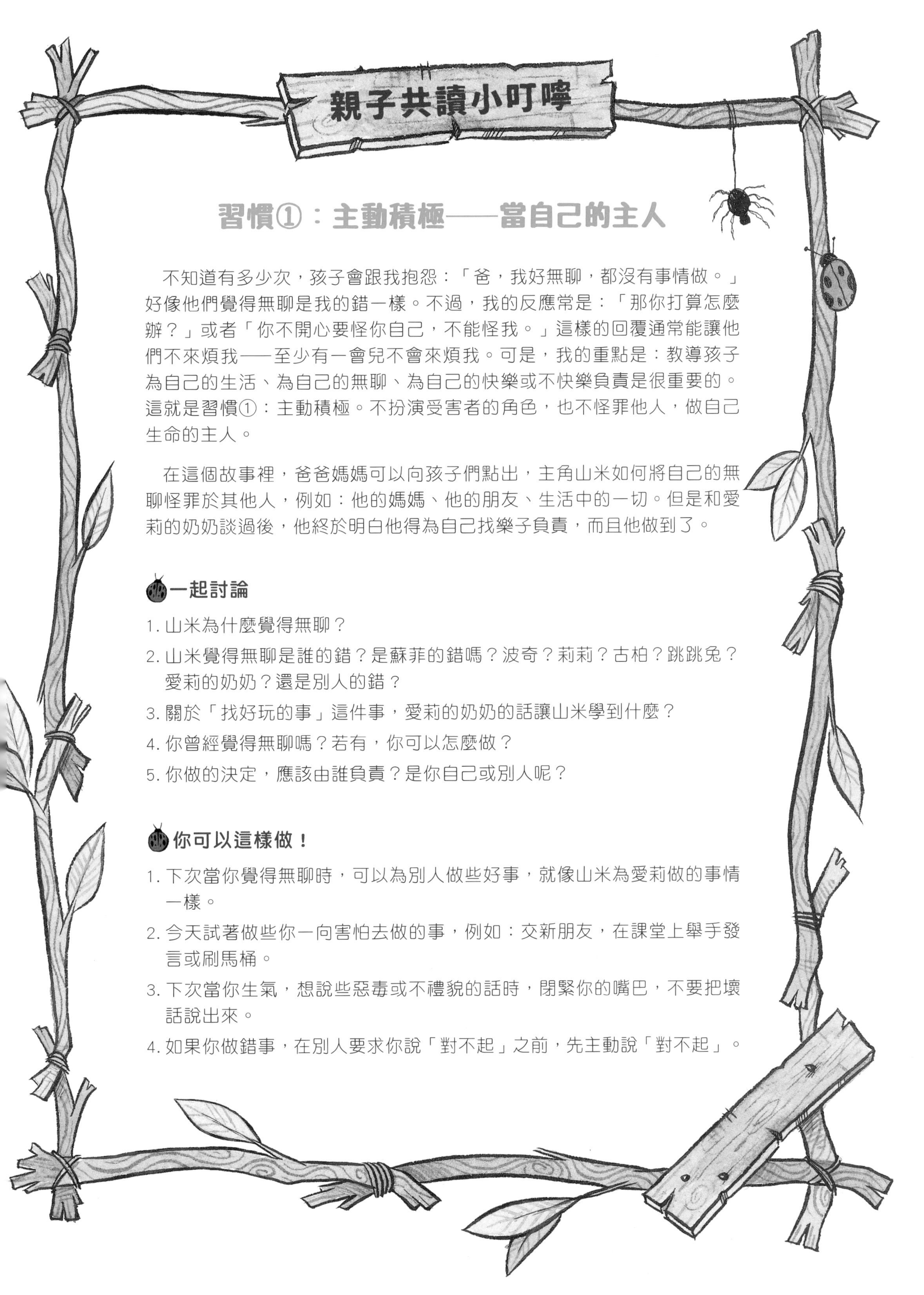

親子共讀小叮嚀

習慣①：主動積極——當自己的主人

不知道有多少次，孩子會跟我抱怨：「爸，我好無聊，都沒有事情做。」好像他們覺得無聊是我的錯一樣。不過，我的反應常是：「那你打算怎麼辦？」或者「你不開心要怪你自己，不能怪我。」這樣的回覆通常能讓他們不來煩我——至少有一會兒不會來煩我。可是，我的重點是：教導孩子為自己的生活、為自己的無聊、為自己的快樂或不快樂負責是很重要的。這就是習慣①：主動積極。不扮演受害者的角色，也不怪罪他人，做自己生命的主人。

在這個故事裡，爸爸媽媽可以向孩子們點出，主角山米如何將自己的無聊怪罪於其他人，例如：他的媽媽、他的朋友、生活中的一切。但是和愛莉的奶奶談過後，他終於明白他得為自己找樂子負責，而且他做到了。

一起討論

1. 山米為什麼覺得無聊？
2. 山米覺得無聊是誰的錯？是蘇菲的錯嗎？波奇？莉莉？古柏？跳跳兔？愛莉的奶奶？還是別人的錯？
3. 關於「找好玩的事」這件事，愛莉的奶奶的話讓山米學到什麼？
4. 你曾經覺得無聊嗎？若有，你可以怎麼做？
5. 你做的決定，應該由誰負責？是你自己或別人呢？

你可以這樣做！

1. 下次當你覺得無聊時，可以為別人做些好事，就像山米為愛莉做的事情一樣。
2. 今天試著做些你一向害怕去做的事，例如：交新朋友，在課堂上舉手發言或刷馬桶。
3. 下次當你生氣，想說些惡毒或不禮貌的話時，閉緊你的嘴巴，不要把壞話說出來。
4. 如果你做錯事，在別人要求你說「對不起」之前，先主動說「對不起」。

昆蟲收集箱
好玩!
$200

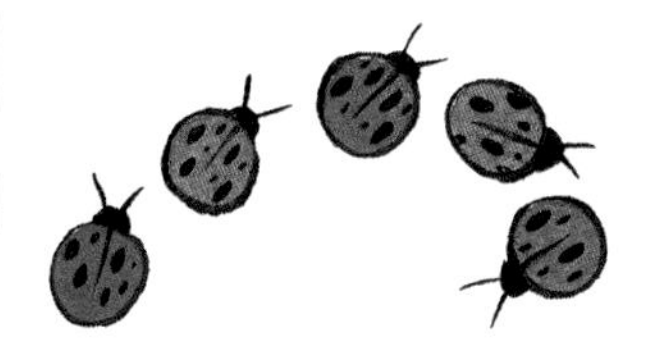

我想要一個昆蟲收集箱

小熊古柏經過嘟嘟玩具店的時候，看到櫥窗裡擺放了一個特價兩百元的昆蟲收集箱。

「哇！我一直想要一個昆蟲收集箱，但是它有點貴呢！我得計劃一下怎麼賺到這兩百元。」

古柏回家後寫了一張清單。

這時，跳跳兔剛好經過，「古柏，你在寫什麼啊？」

「我正在寫我想做的目標清單。」

「哇！那我可以加入你的計畫嗎？」

「沒問題，我有一個很棒的點子，我們來賣檸檬水。現在外面天氣這麼熱，大家一定會想喝杯冰涼的飲料。」古柏說。

下午，古柏與跳跳兔開始布置他們賣檸檬水的攤子。

松鼠山米和妹妹蘇菲是最早到攤子前面的人。

山米說：「是檸檬水呀，我要買一杯。」

蘇菲說：「我也要一杯，這天氣像在鍋爐裡一樣！」

古柏和跳跳兔互看一眼，「我不太懂你剛剛說的話。」跳跳兔說。

蘇菲說：「我的意思是很熱，天氣真的非常熱。」

接著，臭鼬莉莉和老鼠愛莉也來到攤子前面。

「我要幫愛莉買一杯檸檬水，我自己要買兩杯。然後，愛莉跟我要到我家玩著色遊戲，對不對，愛莉？」莉莉說。

愛莉回答：「沒錯。」

幾個小時後，古柏與跳跳兔賣完全部的檸檬水。他們總共賺了一千一百元。

「哇，現在我們有很多錢了。」古柏高興的說，「讓我們平分這些錢吧！這五百五十元是你的，剩下一半的五百五十元是我的。」

「太棒了！我知道現在要去哪裡花掉這些錢。」跳跳兔說，然後就一溜煙的跑去嘟嘟玩具店。

跳跳兔買了兩條糖果棒和泡泡糖，還有一袋爆米花，他一下子就把這些東西吃個精光。

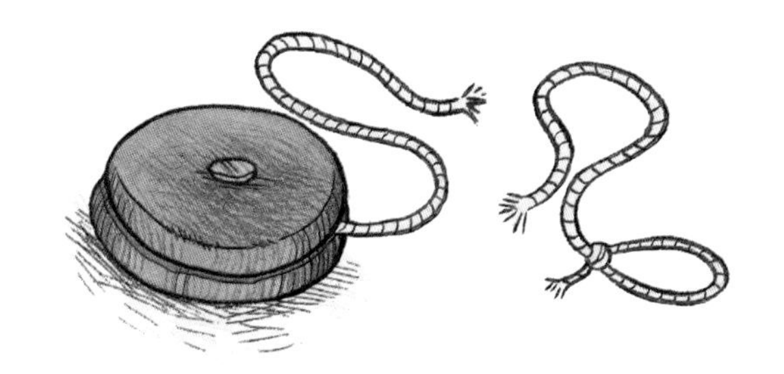

接著，他買了一個便宜的溜溜球，只玩三次就壞掉了；

然後他買了一把水槍，不過卻在回家的路上弄丟了。

這段期間裡，古柏則是回家看看自己列的清單，他先存了五十元到罐子裡。

接著，他去嘟嘟玩具店以兩百元買下昆蟲收集箱。

然後他花一百元買了一面小鏡子，作為老鼠愛莉的生日禮物。

回家時，他用五十元在潘尼的披薩店買了一片蜂蜜口味的披薩。

他還有一百五十元可以拿來看電影。當古柏在街上走時，跳跳兔追了上來。

「古柏，你要去哪裡？」跳跳兔問。

「我要去看電影。」

跳跳兔一邊嘆氣一邊說：「我希望我也能去，但是我的錢都花光了。」

「你都花在什麼地方呢？」古柏問。

「用在很多地方啊，這些錢就像空氣一樣，消失不見了。」

「你應該事先計劃的，像我就能買到我清單上所有的東西。」

跳跳兔的耳朵與雙頰垮了下來，沮喪的說：「我想我搞砸了！」

古柏安慰他：「別放在心上，下次你就知道該怎麼做了。」

「喔，你真聰明，祝你看電影愉快。」跳跳兔說。

「你可以一起來看啊！我還有一百五十元，夠讓我們兩個人一起觀賞一部五十元的電影。」古柏大方的邀請跳跳兔看電影，「現在正在上映《巨怪蜘蛛大戰外星毛球》，走，我們一起去看吧！」

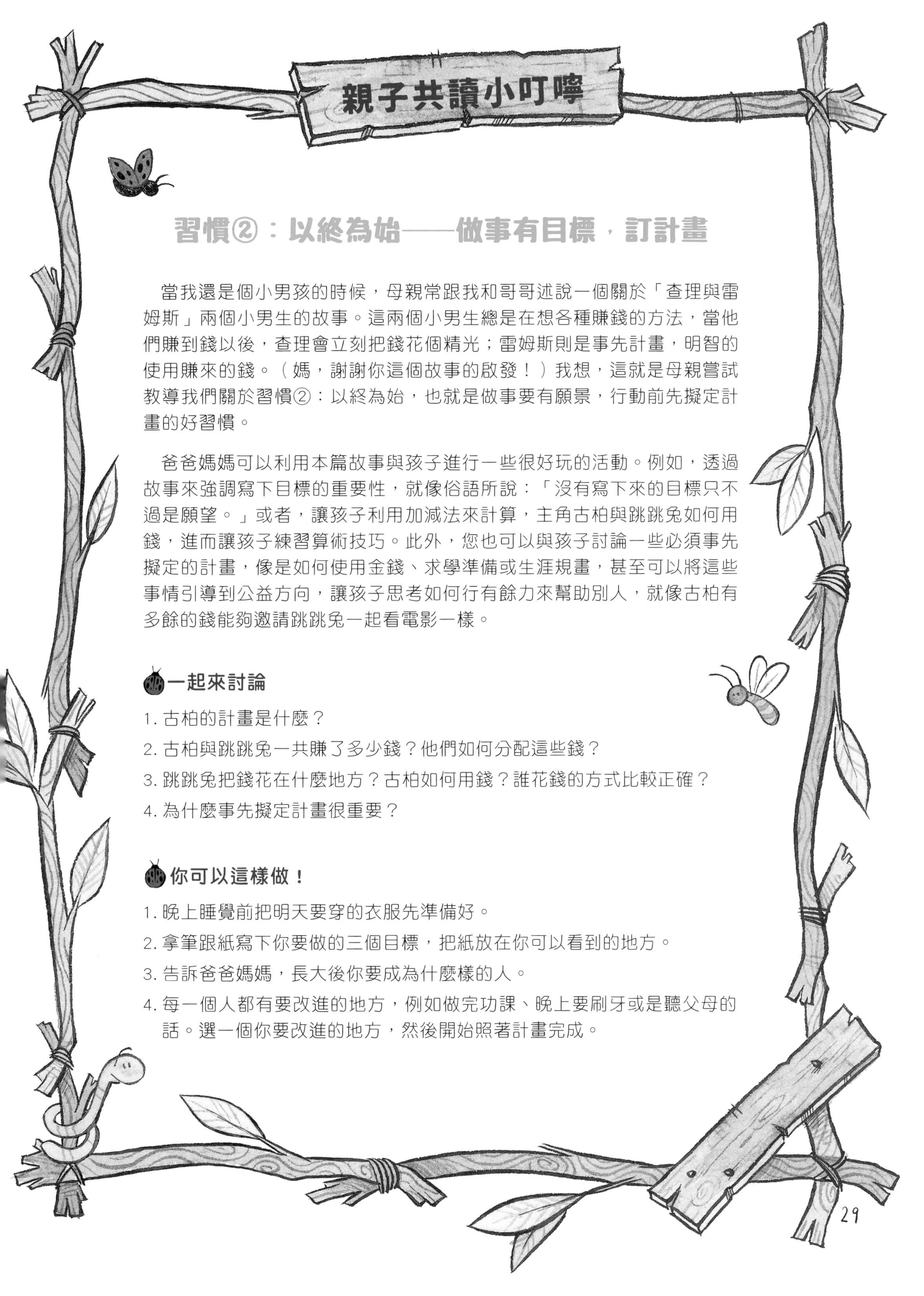

親子共讀小叮嚀

習慣②：以終為始——做事有目標，訂計畫

當我還是個小男孩的時候，母親常跟我和哥哥述說一個關於「查理與雷姆斯」兩個小男生的故事。這兩個小男生總是在想各種賺錢的方法，當他們賺到錢以後，查理會立刻把錢花個精光；雷姆斯則是事先計畫，明智的使用賺來的錢。（媽，謝謝你這個故事的啟發！）我想，這就是母親嘗試教導我們關於習慣②：以終為始，也就是做事要有願景，行動前先擬定計畫的好習慣。

爸爸媽媽可以利用本篇故事與孩子進行一些很好玩的活動。例如，透過故事來強調寫下目標的重要性，就像俗語所說：「沒有寫下來的目標只不過是願望。」或者，讓孩子利用加減法來計算，主角古柏與跳跳兔如何用錢，進而讓孩子練習算術技巧。此外，您也可以與孩子討論一些必須事先擬定的計畫，像是如何使用金錢、求學準備或生涯規畫，甚至可以將這些事情引導到公益方向，讓孩子思考如何行有餘力來幫助別人，就像古柏有多餘的錢能夠邀請跳跳兔一起看電影一樣。

一起來討論

1. 古柏的計畫是什麼？
2. 古柏與跳跳兔一共賺了多少錢？他們如何分配這些錢？
3. 跳跳兔把錢花在什麼地方？古柏如何用錢？誰花錢的方式比較正確？
4. 為什麼事先擬定計畫很重要？

你可以這樣做！

1. 晚上睡覺前把明天要穿的衣服先準備好。
2. 拿筆跟紙寫下你要做的三個目標，把紙放在你可以看到的地方。
3. 告訴爸爸媽媽，長大後你要成為什麼樣的人。
4. 每一個人都有要改進的地方，例如做完功課、晚上要刷牙或是聽父母的話。選一個你要改進的地方，然後開始照著計畫完成。

本週的生詞
敲ㄑㄧㄠ
開ㄎㄞ心ㄒㄧㄣ
玩ㄨㄢˊ
給ㄍㄟˇ
你ㄋㄧˇ
鼓ㄍㄨˇ
停！安靜
開始閱讀

我的功課還沒做

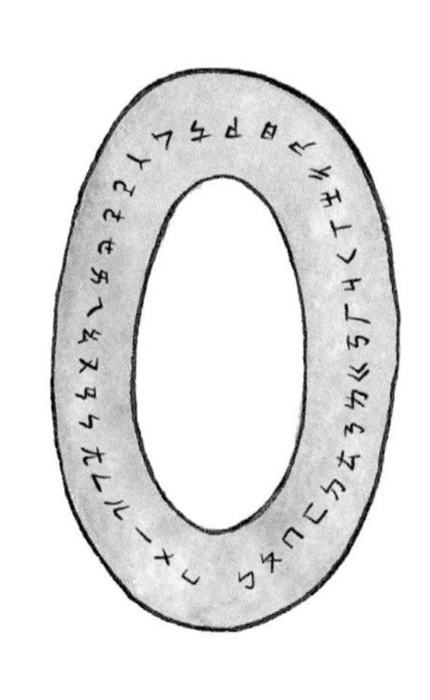

星期一時，波奇坐在課堂上，看著貓頭鷹老師在黑板上寫的生詞：

敲、開心、玩、給、你、鼓

貓頭鷹老師說：「這幾個生詞會在星期五的注音測驗中出現，記得每天晚上都要練習，這樣就可以寫出正確的注音符號了！」

放學後，波奇回家小睡了一下。叮咚！門鈴響了，有人在門口。原來是山米來了。

山米說：「你好啊，想不想去垃圾場找些小玩意來玩呢？」

波奇知道要練習生詞，但是去垃圾場聽起來更有趣。

於是他回答：「當然好啊！」

到了垃圾場，波奇看到了一個老舊的鼓，他撿起來，並輕輕的敲了敲鼓，咚、咚、咚，「這真是太棒了！」波奇興奮的說著。

於是，波奇高興的把鼓帶回家，然後整個下午都在打鼓。

星期二，臭鼬莉莉和老鼠愛莉來到波奇家。

「愛莉和我烤了一些巧克力餅乾，真的很好吃喔！」莉莉說。

「你要『尺』一些嗎？」愛莉問。

「什麼？」波奇反問。

「愛莉是在問你要不要『吃一些』巧克力餅乾呢？」莉莉回答。

「我要準備注音測驗，不過我等一下再讀就好。」然後波奇就去莉莉的家了。

當波奇從莉莉家回來後，他開始打鼓、吹口琴，最後睡著了。

到了星期三下午，波奇和古柏一起去捉蝴蝶。

星期四下午，他和跳跳兔一起去大草原騎腳踏車。

回到家後，他想起隔天就要考注音測驗了，但是他一個字都沒記住。他拿出字卡，把它們貼到牆上。

波奇試著寫下這些注音符號，但是字就像魚一樣游過他眼前，讓他無法牢記。

一個晚上要記住這些符號真是太困難了，波奇越是想要記住它們，就感到越困惑。最後，他終於放棄，直接去睡覺。

隔天，波奇考得很不好，除了「鼓」這個字以外，其他所有的字都寫錯了。

「發生什麼事？你沒準備嗎？我知道你可以表現得更好啊。」貓頭鷹老師問道。

「我都在做一些其他的事情。」波奇回答。

蘇菲走到波奇旁邊說：「你不應該放任自己的。」

「什麼意思？」

「我的意思是，你應該把重要的事情放第一，例如，功課要先做完才能去玩耍。」

貓頭鷹老師也同意蘇菲的說法，她告訴波奇下星期可以再考一次，「這次可別再讓拖延影響你喔！」

波奇回家後，看著之前撿回來的鼓，腦袋一直聽見咚、咚、咚、咚的聲音。

波奇看了看牆上的字卡。

叮咚！門鈴響了，原來是蘇菲來了。

「我來幫你練習注音符號。」蘇菲說

他們兩個一起練習了整整一個小時，完全都沒有休息。

叮咚！門鈴響了，原來是跳跳兔。

「要不要來玩棒球啊？」跳跳兔問。

「現在不行，我正在複習。」波奇答道。

「你正在做什麼？」

「複習注音符號。」

「聽起來真酷，那就下次吧！」說完跳跳兔就跑走了。

波奇每天都複習一點。

終於到了這個星期五他重做了一次注音測驗。

貓頭鷹老師改完考卷告訴他：「很好，全部答對，你得到滿分！」

波奇因為太高興，身上的刺全都豎了起來！

他想要謝謝蘇菲，所以回家拿了他的鼓，並將它放到蘇菲家，還留了一張字條。

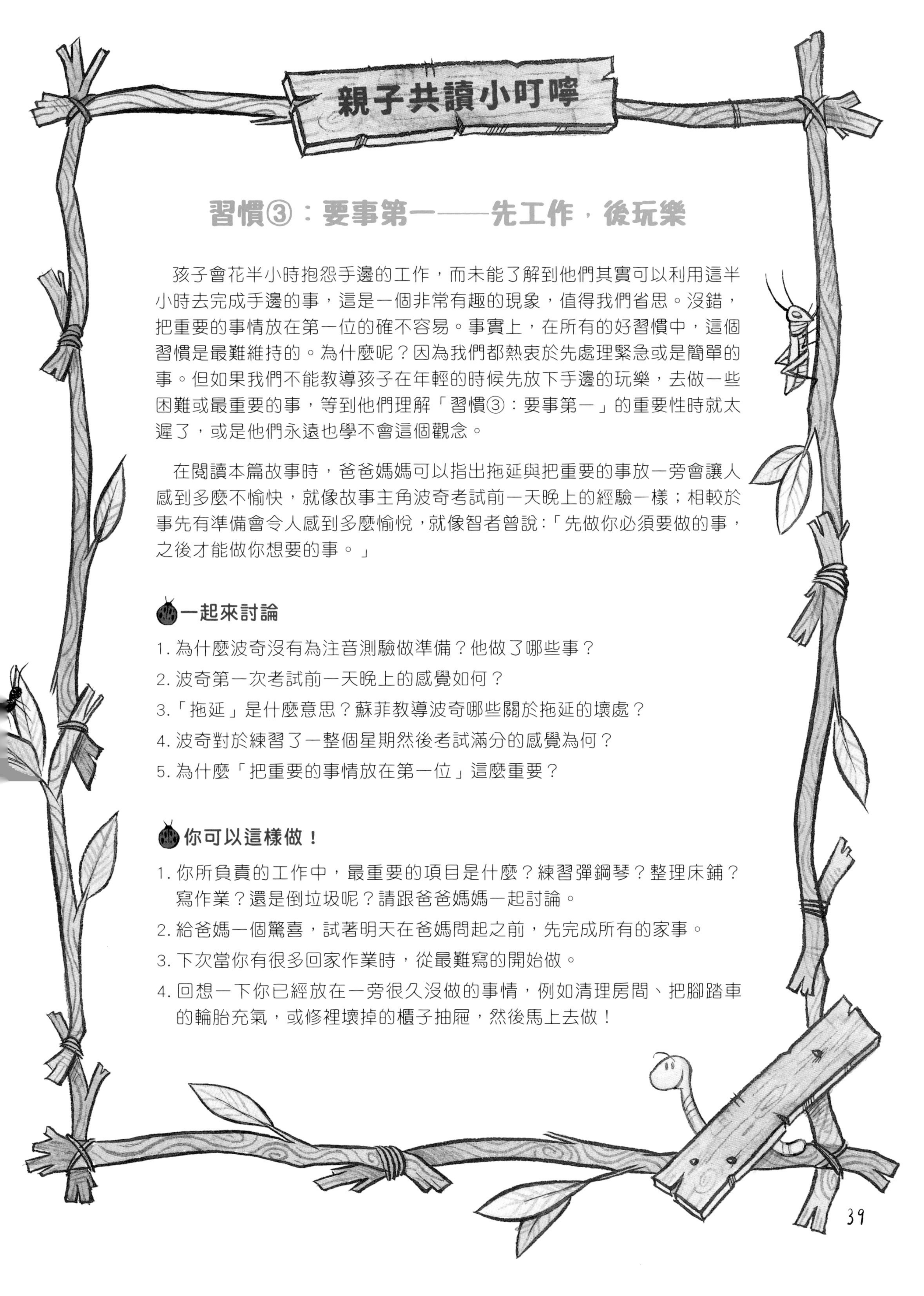

親子共讀小叮嚀

習慣③：要事第一——先工作，後玩樂

孩子會花半小時抱怨手邊的工作，而未能了解到他們其實可以利用這半小時去完成手邊的事，這是一個非常有趣的現象，值得我們省思。沒錯，把重要的事情放在第一位的確不容易。事實上，在所有的好習慣中，這個習慣是最難維持的。為什麼呢？因為我們都熱衷於先處理緊急或是簡單的事。但如果我們不能教導孩子在年輕的時候先放下手邊的玩樂，去做一些困難或最重要的事，等到他們理解「習慣③：要事第一」的重要性時就太遲了，或是他們永遠也學不會這個觀念。

在閱讀本篇故事時，爸爸媽媽可以指出拖延與把重要的事放一旁會讓人感到多麼不愉快，就像故事主角波奇考試前一天晚上的經驗一樣；相較於事先有準備會令人感到多麼愉悅，就像智者曾說：「先做你必須要做的事，之後才能做你想要的事。」

一起來討論

1. 為什麼波奇沒有為注音測驗做準備？他做了哪些事？
2. 波奇第一次考試前一天晚上的感覺如何？
3. 「拖延」是什麼意思？蘇菲教導波奇哪些關於拖延的壞處？
4. 波奇對於練習了一整個星期然後考試滿分的感覺為何？
5. 為什麼「把重要的事情放在第一位」這麼重要？

你可以這樣做！

1. 你所負責的工作中，最重要的項目是什麼？練習彈鋼琴？整理床鋪？寫作業？還是倒垃圾呢？請跟爸爸媽媽一起討論。
2. 給爸媽一個驚喜，試著明天在爸媽問起之前，先完成所有的家事。
3. 下次當你有很多回家作業時，從最難寫的開始做。
4. 回想一下你已經放在一旁很久沒做的事情，例如清理房間、把腳踏車的輪胎充氣，或修裡壞掉的櫃子抽屜，然後馬上去做！

我保證可以做到

當臭鼬莉莉還是寶寶時，她非常喜歡參觀貓頭鷹老師的菜園。那裡種著太多令人驚喜的蔬果，像是小黃瓜、白蘿蔔、胡蘿蔔、甜椒、豆子和萵苣。

一天下午，莉莉告訴媽媽：「我希望我們有一個像貓頭鷹老師一樣的菜園。」

「我也想啊，但是開闢一個菜園需要很多時間與努力。」媽媽提醒她。

「媽媽，我知道，我和你保證我會負責全部的工作。」

「莉莉，我很抱歉，可是我不認為你理解這個任務需要的努力。」

「你必須先翻土，然後播種，之後還要每天澆水和除草。我敢說以後一定是我在做大部分的工作，但我目前實在沒有多餘的時間。」

「但是我真的好想要一個菜園。」莉莉的眼淚就要流下來了。

「那麼，也許改天你可以嘗試種一些簡單的東西……例如：草莓。種草莓比種菜簡單，而且草莓非常美味又營養！」

可是莉莉不想等到改天，她現在就要一個菜園。

夜裡，莉莉從床上爬起來，並想到一個很棒的主意。她跑到書桌前，拿出一張紙和她最喜歡的筆，寫了一封信給媽媽：

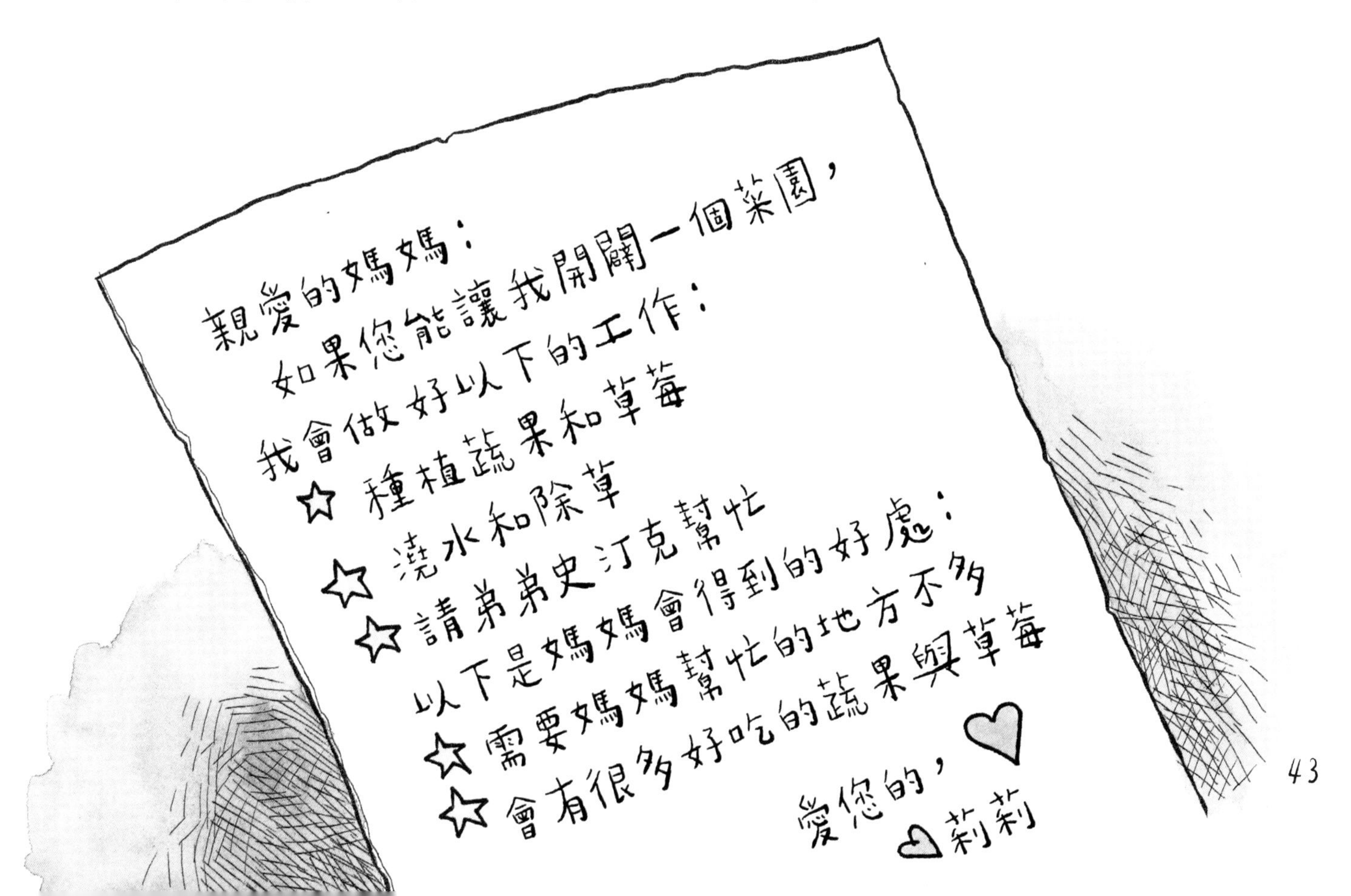

親愛的媽媽：

如果您能讓我開闢一個菜園，
我會做好以下的工作：

☆ 種植蔬果和草莓
☆ 澆水和除草
☆ 請弟弟史汀克幫忙

以下是媽媽會得到的好處：

☆ 需要媽媽幫忙的地方不多
☆ 會有很多好吃的蔬果與草莓

愛您的，
莉莉

隔天早上，莉莉跑下樓，把寫好的信交給媽媽。

「喔，莉莉，我理解你多麼想要一個菜園。」媽媽邊讀邊說，然後停了一下，「嗯如果你保證做好大部分的工作，而且我們還有草莓可以吃，我想這是一個雙贏的提議。那你打算什麼時候開始呢？」

「馬上開始！」莉莉開心的回答。

當天下午，媽媽和莉莉開始翻土並撒下種子，爸爸幫忙把稻草人立起來。然後，爸爸媽媽就去忙其他事了，只剩莉莉繼續在菜園裡工作。

整個夏天，莉莉都做到了她保證的事。她澆完水就除草，除完草又澆水，真的很辛苦。弟弟史汀克也來幫忙……雖然都幫了倒忙，但至少他嘗試過了，他總是把水澆在自己身上，而不是澆在蔬果上。

莉莉必須提醒弟弟，不要把胡蘿蔔拔出來看它們有沒有長大。

很快的，種下的種子都從土裡一一個個冒出新芽來。過了幾個星期以後，莉莉看見一些蔬菜已經長出來了，草莓也是。

到了可以採收的時候，莉莉和史汀克採了好多蔬果和草莓回家。

「哇！這麼多新鮮的蔬果和草莓，真是太棒了！」媽媽讚嘆道，「現在我不用去店裡買蔬果和草莓了，而且吃自己種的蔬果非常健康，這是多麼難得的事啊！」

晚上吃飯的時候，莉莉、史汀克、媽媽和爸爸一起分享了蔬菜湯，還有草莓鬆餅。

「這些草莓真是美味又營養。」媽媽讚美的說，「我真是為莉莉感到驕傲！你整個夏天堅持認真工作，就像你承諾的一樣，媽媽不用幫忙。另外，也要謝謝史汀克！」

「讓媽媽開心，我也很高興！」莉莉說。

「嘿，也許我應該來開闢一個花園。」

「媽媽你確定要這麼做嗎？開闢一個花園需要很多時間與努力，你不明白有多少工作需要完成。」莉莉頑皮的說。

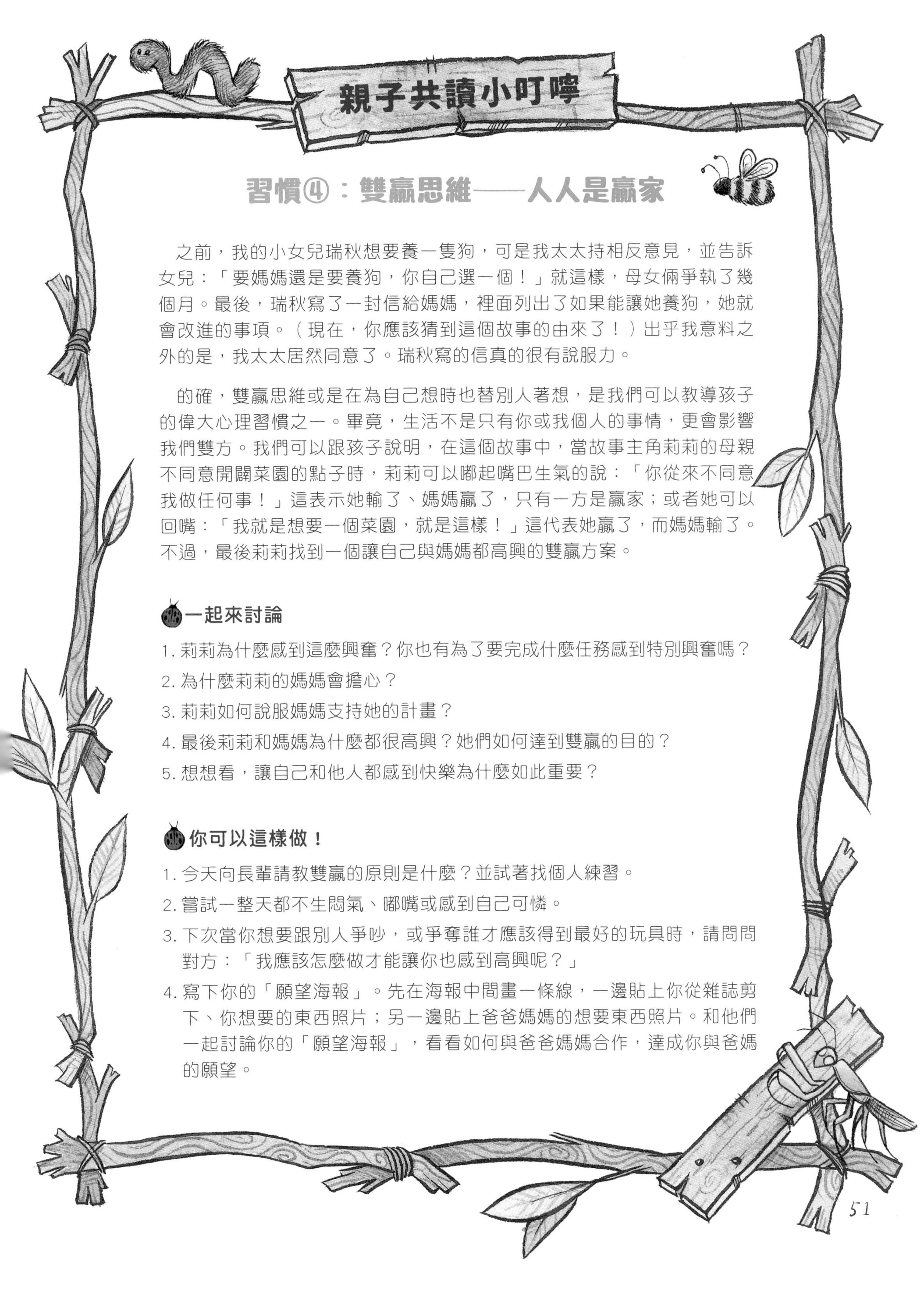

親子共讀小叮嚀

習慣④：雙贏思維——人人是贏家

之前，我的小女兒瑞秋想要養一隻狗，可是我太太持相反意見，並告訴女兒：「要媽媽還是要養狗，你自己選一個！」就這樣，母女倆爭執了幾個月。最後，瑞秋寫了一封信給媽媽，裡面列出了如果能讓她養狗，她就會改進的事項。（現在，你應該猜到這個故事的由來了！）出乎我意料之外的是，我太太居然同意了。瑞秋寫的信真的很有說服力。

的確，雙贏思維或是在為自己想時也替別人著想，是我們可以教導孩子的偉大心理習慣之一。畢竟，生活不是只有你或我個人的事情，更會影響我們雙方。我們可以跟孩子說明，在這個故事中，當故事主角莉莉的母親不同意開闢菜園的點子時，莉莉可以嘟起嘴巴生氣的說：「你從來不同意我做任何事！」這表示她輸了、媽媽贏了，只有一方是贏家；或者她可以回嘴：「我就是想要一個菜園，就是這樣！」這代表她贏了，而媽媽輸了。不過，最後莉莉找到一個讓自己與媽媽都高興的雙贏方案。

一起來討論

1. 莉莉為什麼感到這麼興奮？你也有為了要完成什麼任務感到特別興奮嗎？
2. 為什麼莉莉的媽媽會擔心？
3. 莉莉如何說服媽媽支持她的計畫？
4. 最後莉莉和媽媽為什麼都很高興？她們如何達到雙贏的目的？
5. 想想看，讓自己和他人都感到快樂為什麼如此重要？

你可以這樣做！

1. 今天向長輩請教雙贏的原則是什麼？並試著找個人練習。
2. 嘗試一整天都不生悶氣、嘟嘴或感到自己可憐。
3. 下次當你想要跟別人爭吵，或爭奪誰才應該得到最好的玩具時，請問問對方：「我應該怎麼做才能讓你也感到高興呢？」
4. 寫下你的「願望海報」。先在海報中間畫一條線，一邊貼上你從雜誌剪下、你想要的東西照片；另一邊貼上爸爸媽媽的想要東西照片。和他們一起討論你的「願望海報」，看看如何與爸爸媽媽合作，達成你與爸媽的願望。

甜蜜的家

我很用心聽你説話

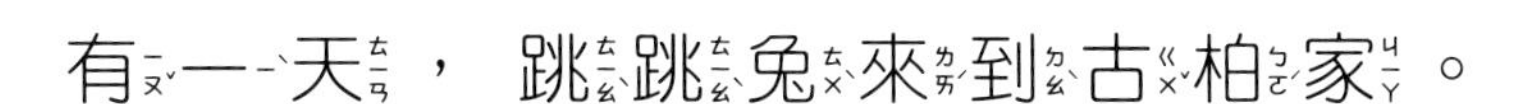

有一天，跳跳兔來到古柏家。

「要不要玩飛盤啊？」

「不了，謝謝。因為我弄丟了我的捕蝶網，很傷心。」古柏難過的回答。

「但是今天天氣這麼好，我們可以去魚眼湖邊玩。」跳跳兔建議。

「我沒有玩的心情。」

「不會吧？一定會很好玩。走嘛！我們一起去。」跳跳兔說著，興奮的在古柏身邊跳來跳去。

「不要！你話太多，又一直動來動去，完全沒有聽我說話！你自己去玩吧，不用找我了。」

「好吧！晚一點見。」跳跳兔說。

跳跳兔跑走了。他跑到老鼠愛莉家旁邊，愛莉正坐在院子裡的沙堆上。

「嗚！嗚！嗚……」愛莉哭著。

「愛莉你怎麼了？」跳跳兔連忙問。

「我的毛衣『船帆』了。」愛莉說。

「什麼？你是說想要涼快一下嗎？好，那我們去游泳吧。」

愛莉搖搖頭，又開始哇哇大哭起來：「我的毛衣『船帆』了！」

「喔，我懂了，船，你想要去划船。」

愛莉聽了，一邊用腳猛踢沙堆，一邊大哭起來，「嗚嗚嗚！嗚嗚嗚！我的毛衣『船帆』了！」

「好吧，我放棄，讓我看看臭鼬莉莉會不會知道你到底怎麼了。」跳跳兔挫敗的說。

他背起愛莉往莉莉家走去，跳跳兔按了按門鈴……

「嗨！跳跳兔、愛莉，你們來找我有什麼事嗎？」莉莉邊應門邊問。

「嗚！嗚！嗚……」愛莉開始哭了起來。

莉莉看著她問：「發生什麼事了？」

「我的毛衣『船帆』了？」愛莉回答。

「喔，親愛的，應該是你的毛衣『穿反』了吧？真可憐！」

莉莉幫愛莉脫下毛衣，翻面後重新再幫愛莉穿上。

「你怎麼知道愛莉在說什麼？」跳跳兔問莉莉。

「你必須開啟你的心和眼睛來一起傾聽，而不是只用耳朵！你沒有看到她的毛衣穿反了嗎？」莉莉這麼回答。

「沒有，我沒注意到。」跳跳兔沉默了一會兒後說：「我必須去找古柏。」接著就跑走了。

「等等我啊！」愛莉大喊。

他們看到古柏趴在櫻桃溪邊的一根木頭上。

「現在我終於知道你真的很傷心，發生了什麼事？」跳跳兔問。

「我剛剛跟你說過，我把捕蝶網弄丟了，那是在這世界上我最喜歡的東西。」古柏回答道。

「別難過，讓我們一起來幫你找找看！」跳跳兔說。

「我之前找過，它不見了，永遠也找不回來了。」

愛莉拉一拉跳跳兔說：「梨梨的鼠。」

「你說什麼？」跳跳兔困惑的問道，他把身體靠向愛莉，看著她的眼睛說，「你可以再講一次嗎？」

「捕蝶網在『梨梨的鼠』旁邊。」

「梨梨的鼠？我知道了，是『莉莉的樹』！古柏的捕蝶網掉在莉莉家旁邊的大橡樹旁！對不對？」跳跳兔高興的說。

「對啊！」

「你真是一個好孩子！我們一起去找吧！」

他們一起跑回莉莉家，捕蝶網就靠在屋子前的大橡樹上。

「我的捕蝶網！」古柏興奮的喊道，「我想起來了，昨天我在這裡捉蝴蝶。」

「可是，跳跳兔，你怎麼知道愛莉在說什麼呢？」古柏跑過去把網子拿起來問。

「你必須用眼睛和心去傾聽，而不是只用耳朵。」跳跳兔答道。

「嗯！」

「要不要來我的『肯里完』啊？」愛莉問。

古柏靠向愛莉，認真的看著她問：「你說什麼？」

「要不要來我的『肯里完』啊？」愛莉又問了一次。

「我想我知道你的意思了，你邀請我們到你的沙坑裡玩，對不對？」古柏說。

愛莉露出一個大大的微笑。

「來吧，跳跳兔，我們出發啦！」古柏高興的說。

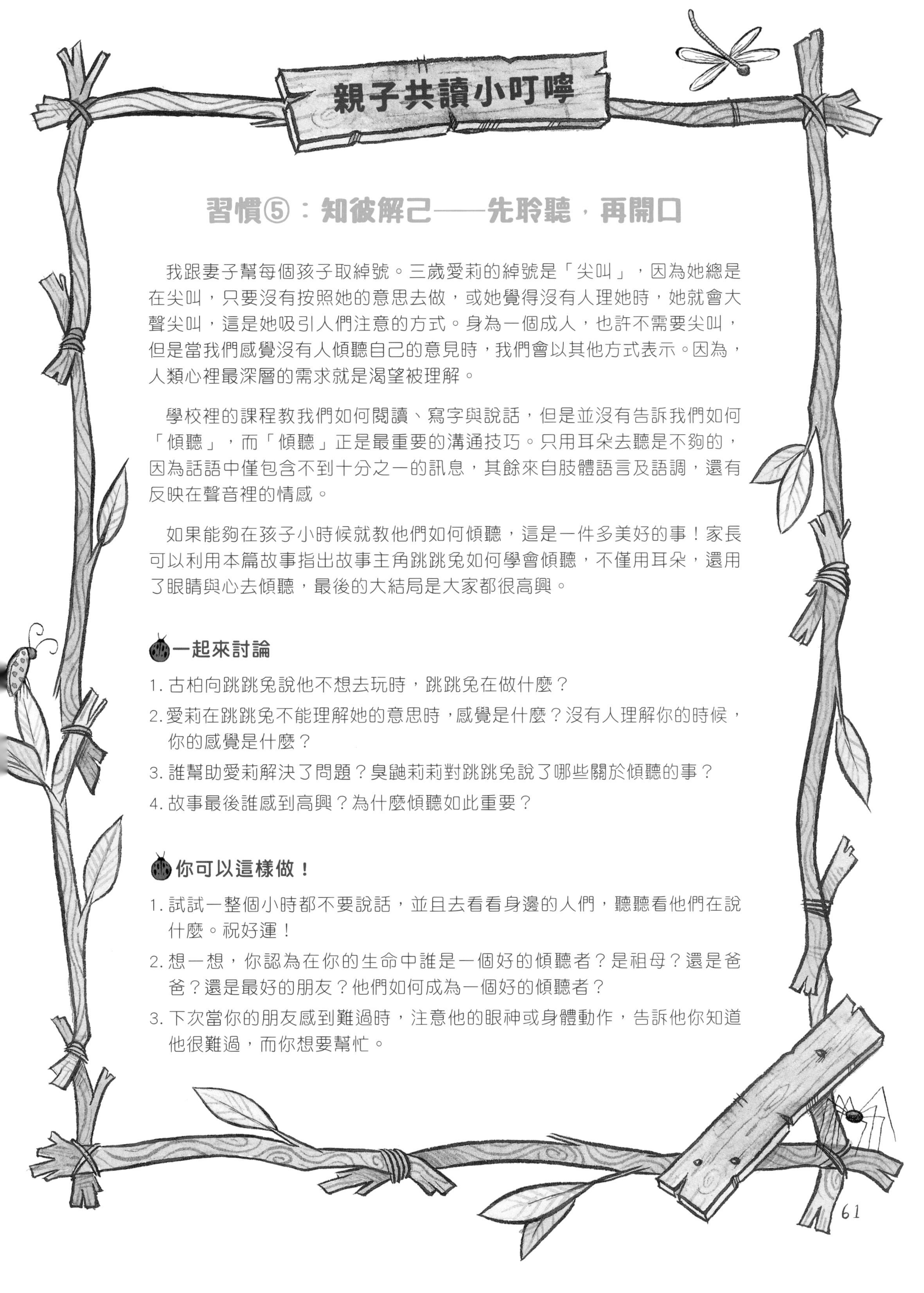

親子共讀小叮嚀

習慣⑤：知彼解己——先聆聽，再開口

我跟妻子幫每個孩子取綽號。三歲愛莉的綽號是「尖叫」，因為她總是在尖叫，只要沒有按照她的意思去做，或她覺得沒有人理她時，她就會大聲尖叫，這是她吸引人們注意的方式。身為一個成人，也許不需要尖叫，但是當我們感覺沒有人傾聽自己的意見時，我們會以其他方式表示。因為，人類心裡最深層的需求就是渴望被理解。

學校裡的課程教我們如何閱讀、寫字與說話，但是並沒有告訴我們如何「傾聽」，而「傾聽」正是最重要的溝通技巧。只用耳朵去聽是不夠的，因為話語中僅包含不到十分之一的訊息，其餘來自肢體語言及語調，還有反映在聲音裡的情感。

如果能夠在孩子小時候就教他們如何傾聽，這是一件多美好的事！家長可以利用本篇故事指出故事主角跳跳兔如何學會傾聽，不僅用耳朵，還用了眼睛與心去傾聽，最後的大結局是大家都很高興。

一起來討論

1. 古柏向跳跳兔說他不想去玩時，跳跳兔在做什麼？
2. 愛莉在跳跳兔不能理解她的意思時，感覺是什麼？沒有人理解你的時候，你的感覺是什麼？
3. 誰幫助愛莉解決了問題？臭鼬莉莉對跳跳兔說了哪些關於傾聽的事？
4. 故事最後誰感到高興？為什麼傾聽如此重要？

你可以這樣做！

1. 試試一整個小時都不要說話，並且去看看身邊的人們，聽聽看他們在說什麼。祝好運！
2. 想一想，你認為在你的生命中誰是一個好的傾聽者？是祖母？還是爸爸？還是最好的朋友？他們如何成為一個好的傾聽者？
3. 下次當你的朋友感到難過時，注意他的眼神或身體動作，告訴他你知道他很難過，而你想要幫忙。

他們比我們強

星期六，大家常到巴德叔叔的公園踢足球。有時候，還會跟其他一起來公園玩的孩子分隊比賽。

有一天，壞小獾們來到公園。

「嘿！要不要跟我們比賽踢足球啊？」長得最高大的小獾問，「我們一定會打敗你們，跟你們比賽只是因為這裡只有你們在玩。」

大家圍成一圈討論。

「他們一定會像打扁小蟲一樣，打扁我們。」古柏說。

「我同意，我要先走了。」波奇說。

「我要回家畫畫了。」莉莉說。

「大家，等一下啊！」蘇菲大喊，「或許他們看起來高大又凶猛，但是我們踢足球的經驗也不少，還是有機會可以勝過他們，更何況跳跳兔一定可以踢進很多球」

「我們要讓他們知道，誰才是最厲害的。」跳跳兔說。

雖然花了一些功夫，不過蘇菲和跳跳兔終於說服其他人一起加入比賽。

不過，球賽才剛開始，在大家都還沒進入狀況前就立刻被小獾們連續踢進了三球。

跳跳兔努力嘗試射門，
但是沒有隊友把球傳給他。

蘇菲和山米一直被
自己的尾巴絆倒。

莉莉還停下來摘花。

波奇躺下來打盹。

古柏拿出放大鏡開
始觀察螞蟻。

愛莉終於射進一球，
但卻踢進自己的球門。

一轉眼，這下小獾隊已經得到四分了！

「跟你們比賽真是浪費時間，我們要回家了。」小獾隊不高興的說。

「等一等，讓我先跟我的隊友們討論一下。」跳跳兔把大家叫到場邊集合，「我們還是有機會贏得這場比賽的。」

「算了吧！他們會把我們全壓成馬鈴薯泥的。」波奇說。

「不可以就這樣放棄！或許他們的體型有優勢，但是只要我們團結一致，就可以打敗他們。讓我們利用每個人的優勢吧！」蘇菲鼓舞大家。

「每個人的什麼？」莉莉問。

「就是每個人的專長。」蘇菲說，「例如，波奇你當守門員，並豎起你的尖刺來嚇阻那些討厭的小獾們；跳跳兔，你擅長得分，所以你就不斷的嘗試射門；山米，請用你那又大又粗的尾巴來傳球；莉莉，只要你不分心採花，你的頭槌表現超級厲害；古柏，你身材很高大，所以盡量擋住小獾們的去路；愛莉，你做得很好，現在只需要把球踢進對方的球門。來吧！大家加油，團隊合作贏得勝利！」

大家都同意蘇菲的建議。

「等等，別走，我們要回來比賽了。」跳跳兔對小獾們說。

「啊！你們這次輸定了。」最凶狠的一隻小獾說。

比賽繼續進行。
跳跳兔傳球給蘇菲。

蘇菲傳球給莉莉。

莉莉用頭搥把球傳
給山米。

山米用尾巴把球
做給跳跳兔射門。

跳跳兔起腳
將球射入球門。

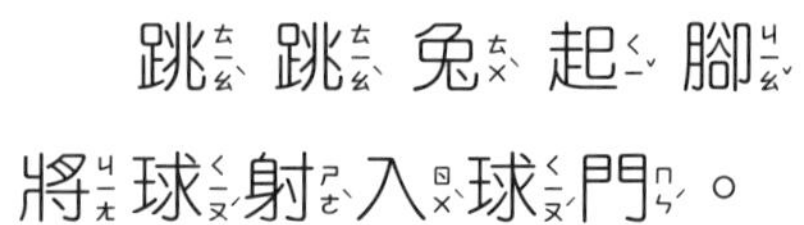

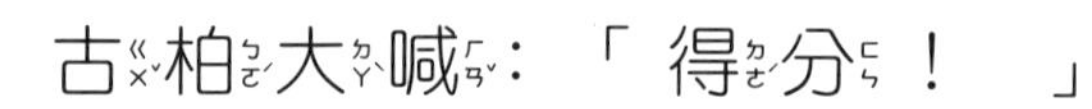

古柏大喊：「得分！」

全隊的士氣都提高了起來。莉莉用頭搥把球傳給山米，又射進一球；只要小獾一靠近，波奇就伸出他的尖刺；古柏利用高大的身體來擋住小獾隊前鋒的去路；跳跳兔跟蘇菲又踢進兩球。現在比數變成四比四平手，兩隊都有些累了。

「讓我們繼續加油，一直到踢進致勝分數為止！」跳跳兔大喊著激勵大家。

蘇菲靈機一動說：「我剛剛想到一個非常有創意的進攻方式。」

「可以說明一下嗎？」古柏問。

「以前從來沒人嘗試過這種方式。」蘇菲召集隊友過來，並說明她的主意。

「好，就這麼辦！」跳跳兔贊同的說。

之後輪到他們進攻時，他們運用蘇菲的方法：古柏把球傳給莉莉，莉莉用頭搥頂給山米，山米試著傳給跳跳兔，但是跳跳兔被一群小獾守住了。

山米用眼角瞄到愛莉有空檔。

「傳給我，給我！」愛莉大喊。

當山米把球傳給她的時候，一隻小獾立刻擋在她面前，愛莉從小獾兩腿中間穿了過去接到傳球。

不過就在愛莉要射門時，她跌倒了。愛莉整個臉朝下，跌在地上叫了一聲「哎呀」，可是就在她倒下時，球剛好碰到她的頭，「碰」的一聲，球應聲朝球門飛進去，得到關鍵的一分。

大夥們高興的大喊：「我們贏了，愛莉萬歲！」

古柏把愛莉高舉起放到肩膀上。

「這真是一場精采的比賽，你們表現得比我們想得還要強！」小獾隊隊長說。

「謝謝你們，下次再一起玩喔！」跳跳兔說。

「當然好，不過愛莉要跟我們同隊！」小獾隊隊長說。

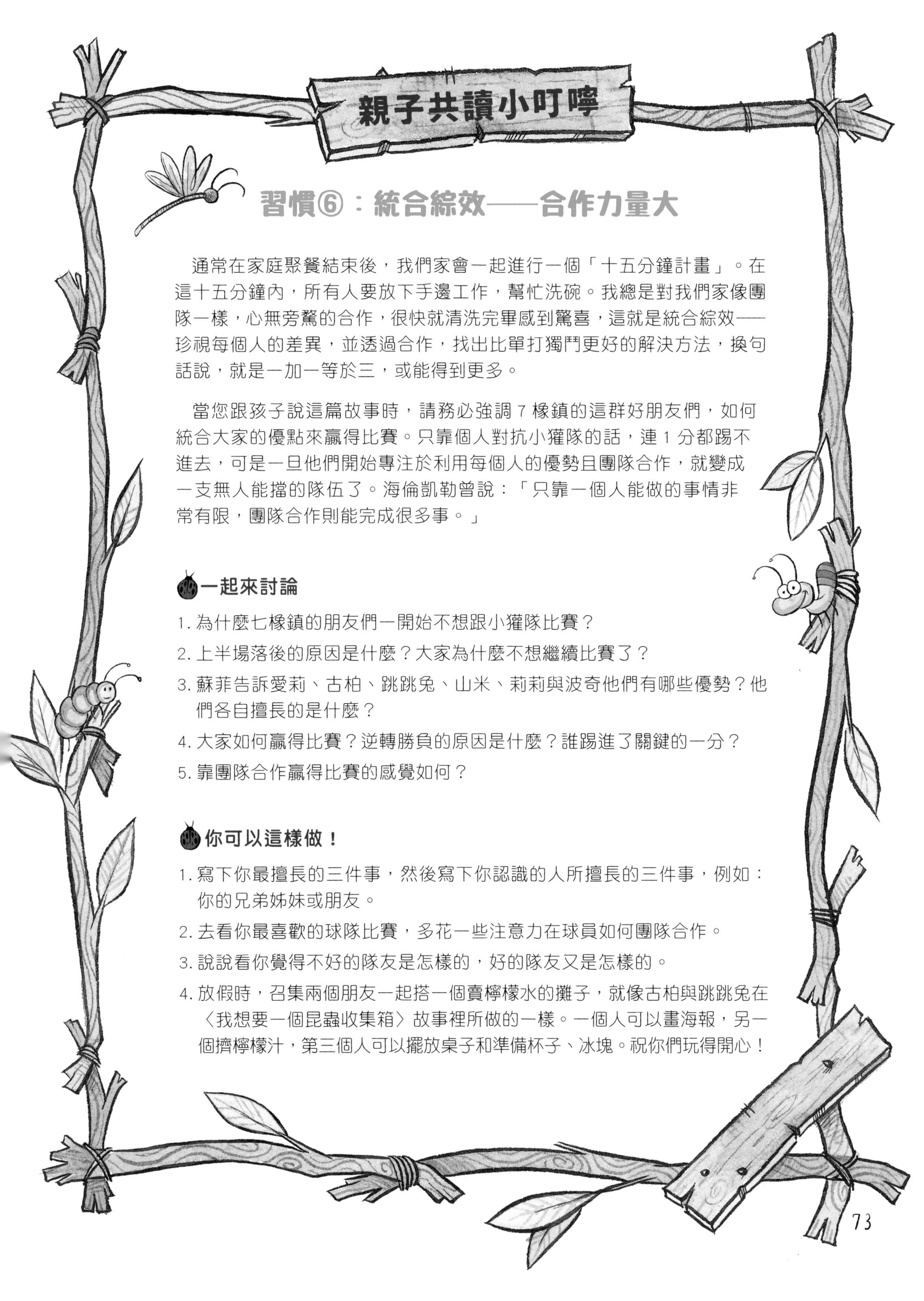

親子共讀小叮嚀

習慣⑥：統合綜效——合作力量大

通常在家庭聚餐結束後，我們家會一起進行一個「十五分鐘計畫」。在這十五分鐘內，所有人要放下手邊工作，幫忙洗碗。我總是對我們家像團隊一樣，心無旁騖的合作，很快就清洗完畢感到驚喜，這就是統合綜效——珍視每個人的差異，並透過合作，找出比單打獨鬥更好的解決方法，換句話說，就是一加一等於三，或能得到更多。

當您跟孩子說這篇故事時，請務必強調 7 橡鎮的這群好朋友們，如何統合大家的優點來贏得比賽。只靠個人對抗小獾隊的話，連 1 分都踢不進去，可是一旦他們開始專注於利用每個人的優勢且團隊合作，就變成一支無人能擋的隊伍了。海倫凱勒曾說：「只靠一個人能做的事情非常有限，團隊合作則能完成很多事。」

一起來討論

1. 為什麼七橡鎮的朋友們一開始不想跟小獾隊比賽？
2. 上半場落後的原因是什麼？大家為什麼不想繼續比賽了？
3. 蘇菲告訴愛莉、古柏、跳跳兔、山米、莉莉與波奇他們有哪些優勢？他們各自擅長的是什麼？
4. 大家如何贏得比賽？逆轉勝負的原因是什麼？誰踢進了關鍵的一分？
5. 靠團隊合作贏得比賽的感覺如何？

你可以這樣做！

1. 寫下你最擅長的三件事，然後寫下你認識的人所擅長的三件事，例如：你的兄弟姊妹或朋友。
2. 去看你最喜歡的球隊比賽，多花一些注意力在球員如何團隊合作。
3. 說說看你覺得不好的隊友是怎樣的，好的隊友又是怎樣的。
4. 放假時，召集兩個朋友一起搭一個賣檸檬水的攤子，就像古柏與跳跳兔在〈我想要一個昆蟲收集箱〉故事裡所做的一樣。一個人可以畫海報，另一個擠檸檬汁，第三個人可以擺放桌子和準備杯子、冰塊。祝你們玩得開心！

Z
拉鍊
Z
斑馬
ZZZZZZ

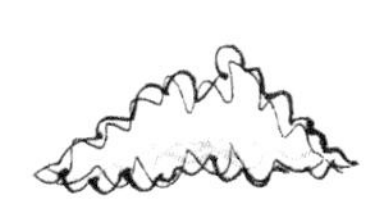

為什麼我總是好累

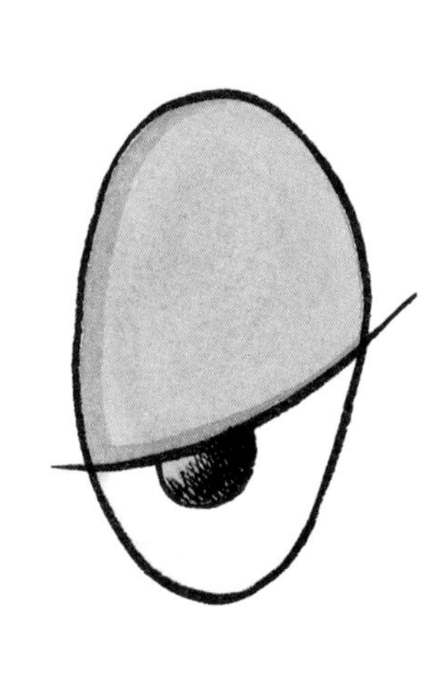

在一個充滿陽光的日子，山村小學的老師貓頭鷹老師正在教大家英文字母「Z」的時候，蘇菲睡著了。

貓頭鷹老師走過去，用她的羽毛輕輕碰碰蘇菲說：「蘇菲，起床囉！」

蘇菲睜開眼睛眨了眨，嘗試想起她現在人在哪裡。

「你昨天晚上有沒有睡飽啊？」貓頭鷹老師問蘇菲。

「應該沒有，我今天會早一點上床睡覺的。」蘇菲回答。

放學回家的路上，山米問：「蘇菲，我真不敢相信你今天上課時睡著了。真是有夠難為情的！」

「我知道，但是我覺得精疲力盡。」

「精疲力盡？」山米困惑的重複一次。

「就是累了。」蘇菲解釋。

「因為你總是熬夜，在被窩裡面看書，媽媽應該要沒收你的手電筒。」

「閱讀可是增添生活味道的香料啊！」

「我不知道故事書有什麼味道，倒是墨西哥菜的味道又香又辣。」山米回應。

蘇菲轉了轉眼睛說：「無所謂啦，我們快點回家，我要小睡一下。」

兄妹倆回到樹上的家後，蘇菲原本躺在沙發上要休息，後來她看到一本書，還是拿起來閱讀。

叩、叩、叩，有人在敲門。

莉莉在門邊說：「要不要來塗著色簿？我這裡有一些新的喔！」

「不用了，謝謝你，我累壞了，也許明天再來玩著色遊戲吧！」

「好吧，那我問愛莉好了。」就在莉莉離開後，蘇菲拿起書本繼續看了起來。

叩、叩、叩，有人在敲門。蘇菲嘆了一口氣去應門。

這次是跳跳兔在門邊問：「想不想一起騎腳踏車？」

「謝謝你的邀請，不過我不去了，我感覺自己一點活力都沒有。」

「這太糟糕了，你要吃點維他命。」跳跳兔說。

「我需要小睡一下。」

「好吧，那我明天再過來看看你精神恢復了沒。」跳跳兔離開的時候告訴蘇菲。

跳跳兔匆忙的跑走，蘇菲拿起她的書繼續閱讀。

叩、叩、叩，又有人在敲門。

這次是波奇在門邊說：「我學會吹一首新的曲子，我們去魚眼湖，你可以躺在湖邊，我在一旁吹奏曲子給你聽。」

「我沒空，我正忙著閱讀呢！」

「你不能總是在讀書啊！有時候也要聽聽音樂和觀賞雲朵。」波奇向蘇菲建議。

「那麼下次好了。」

「好的，改天見。」

波奇離開後，蘇菲又拿起書本繼續讀，不知不覺就睡著了。

到了晚餐時間，蘇菲的媽媽把她搖醒。

「親愛的，你睡了好久，還好嗎？」媽媽摸著蘇菲的額頭問。

「我想我應該是過度疲勞。」

「嗯，我覺得你花太多時間在閱讀上了。閱讀雖然是件好事，但生活需要平衡，有時也要做一些不用動腦思考的活動。」

「有什麼活動不用思考呢？」

「你可以用你的內心、身體和你的心靈。」

「媽媽，可以多說一點嗎？」

「跟朋友玩的時候，要全心投入。」

「那如何運用身體呢？」

「運動的時候就是運用身體。」

「那如何運用心靈呢？」

「當你找到一些可以安靜下來，可以讓整個人從內在感到煥然一新的事情，試試做這些事情來平衡生活。」

「嗯，讓我好好想想。」

第二天，蘇菲決定打電話給莉莉，她問莉莉：「你還想玩著色遊戲嗎？」

「當然好啊，到我家來玩，我們還可以到後院喝牛奶、吃餅乾。」

蘇菲整個早上都待在莉莉家。

離開的時候，蘇菲對莉莉說：「跟你在一起真的很好玩，你是個很棒的朋友，讓我打從內心感到快樂。」

下午蘇菲來到跳跳兔家：「我的身體需要運動，你現在想騎腳踏車嗎？」

「哇，太棒了！我們騎車去！」

蘇菲與跳跳兔騎車繞完 7 橡鎮後，蘇菲告訴跳跳兔：「運動真是一種享受，我覺得身體變好了，內心也感到平衡了。我們下次再一起騎車。」

「太棒了！」跳跳兔高興的說。

蘇菲心想，現在我要尋找對心靈有幫助的事情。我想聽音樂和欣賞雲朵，不知道波奇現在在哪裡？

蘇菲發現波奇躺在他的吊床上。

她跟波奇說：「我準備好要去湖邊聽你吹新的曲子。」

當他們到達魚眼湖邊，波奇吹奏口琴，蘇菲則躺在草地上望著雲朵，並任由心思漂流。她想到蝴蝶，想到花朵，然後她想要回家。

她對波奇說：「謝謝你，你吹奏的音樂對我的心靈很有幫助。」

回家後，媽媽問她：「今天過得如何？」

「今天是非常平衡的一天！我和莉莉玩著色遊戲時很用心，和跳跳兔騎腳踏車時運用了我的身體，我也用心靈去傾聽波奇的音樂。我覺得好多了，現在我要來放鬆一下。」

「要怎樣放鬆？」

「該是我再次動腦思考的時候了，我想我要來讀一本書！」

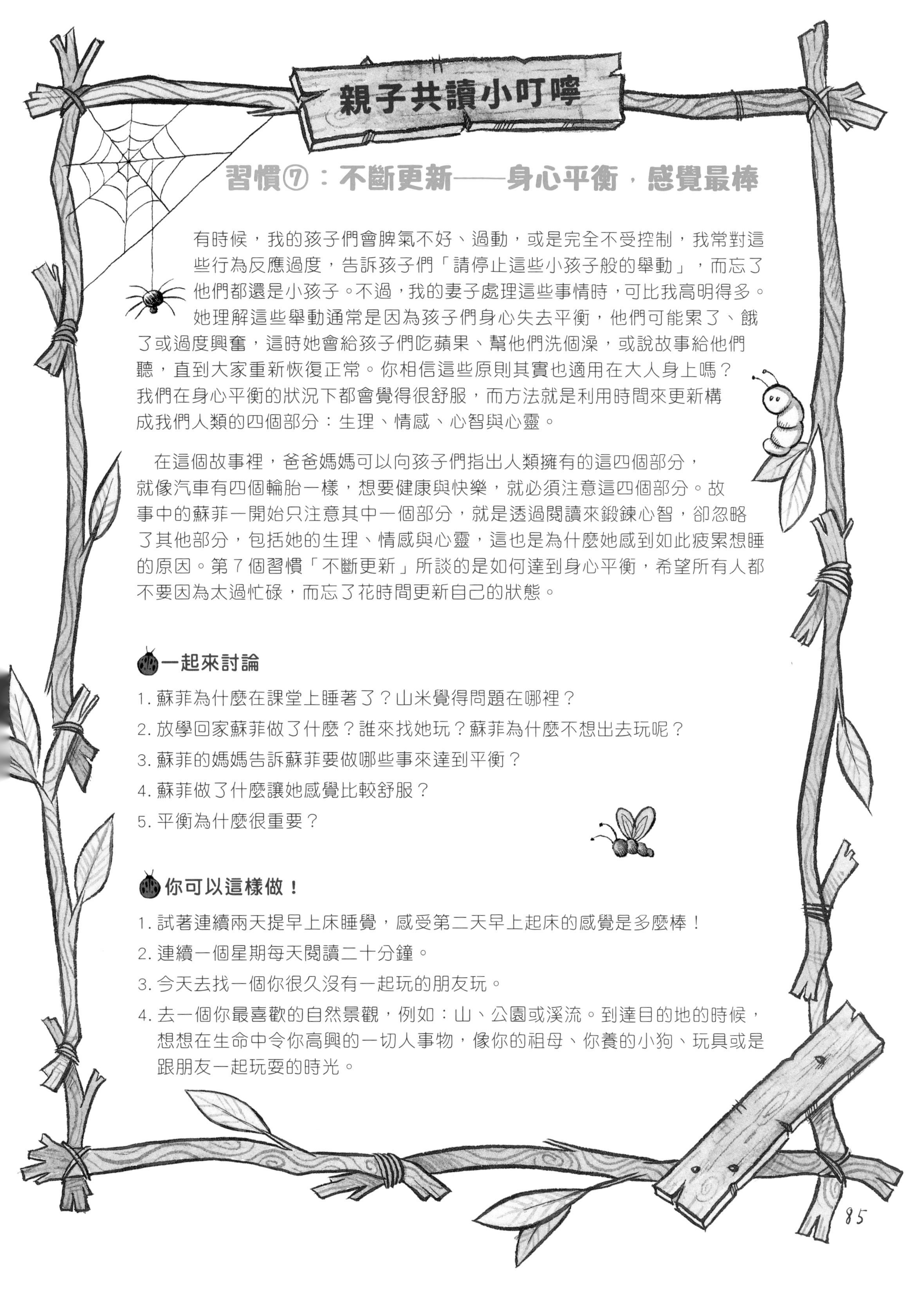

親子共讀小叮嚀

習慣⑦：不斷更新——身心平衡，感覺最棒

有時候，我的孩子們會脾氣不好、過動，或是完全不受控制，我常對這些行為反應過度，告訴孩子們「請停止這些小孩子般的舉動」，而忘了他們都還是小孩子。不過，我的妻子處理這些事情時，可比我高明得多。她理解這些舉動通常是因為孩子們身心失去平衡，他們可能累了、餓了或過度興奮，這時她會給孩子們吃蘋果、幫他們洗個澡，或說故事給他們聽，直到大家重新恢復正常。你相信這些原則其實也適用在大人身上嗎？我們在身心平衡的狀況下都會覺得很舒服，而方法就是利用時間來更新構成我們人類的四個部分：生理、情感、心智與心靈。

在這個故事裡，爸爸媽媽可以向孩子們指出人類擁有的這四個部分，就像汽車有四個輪胎一樣，想要健康與快樂，就必須注意這四個部分。故事中的蘇菲一開始只注意其中一個部分，就是透過閱讀來鍛鍊心智，卻忽略了其他部分，包括她的生理、情感與心靈，這也是為什麼她感到如此疲累想睡的原因。第７個習慣「不斷更新」所談的是如何達到身心平衡，希望所有人都不要因為太過忙碌，而忘了花時間更新自己的狀態。

一起來討論

1. 蘇菲為什麼在課堂上睡著了？山米覺得問題在哪裡？
2. 放學回家蘇菲做了什麼？誰來找她玩？蘇菲為什麼不想出去玩呢？
3. 蘇菲的媽媽告訴蘇菲要做哪些事來達到平衡？
4. 蘇菲做了什麼讓她感覺比較舒服？
5. 平衡為什麼很重要？

你可以這樣做！

1. 試著連續兩天提早上床睡覺，感受第二天早上起床的感覺是多麼棒！
2. 連續一個星期每天閱讀二十分鐘。
3. 今天去找一個你很久沒有一起玩的朋友玩。
4. 去一個你最喜歡的自然景觀，例如：山、公園或溪流。到達目的地的時候，想想在生命中令你高興的一切人事物，像你的祖母、你養的小狗、玩具或是跟朋友一起玩耍的時光。

建立自我領導力的習慣樹

別忘了
持續鍛鍊自己

習慣7

不斷更新 • 身心平衡，感覺最棒

和其他人
有良好互動

習慣6

統合綜效 • 合作力量大

習慣5
知彼解己 • 先聆聽，再開口
習慣4
雙贏思維 • 人人是贏家
先由自己開始
習慣3
要事第一 • 先工作，後玩樂
習慣2
以終為始 • 做事有目標，訂計劃
習慣1
主動積極 • 當自己的主人

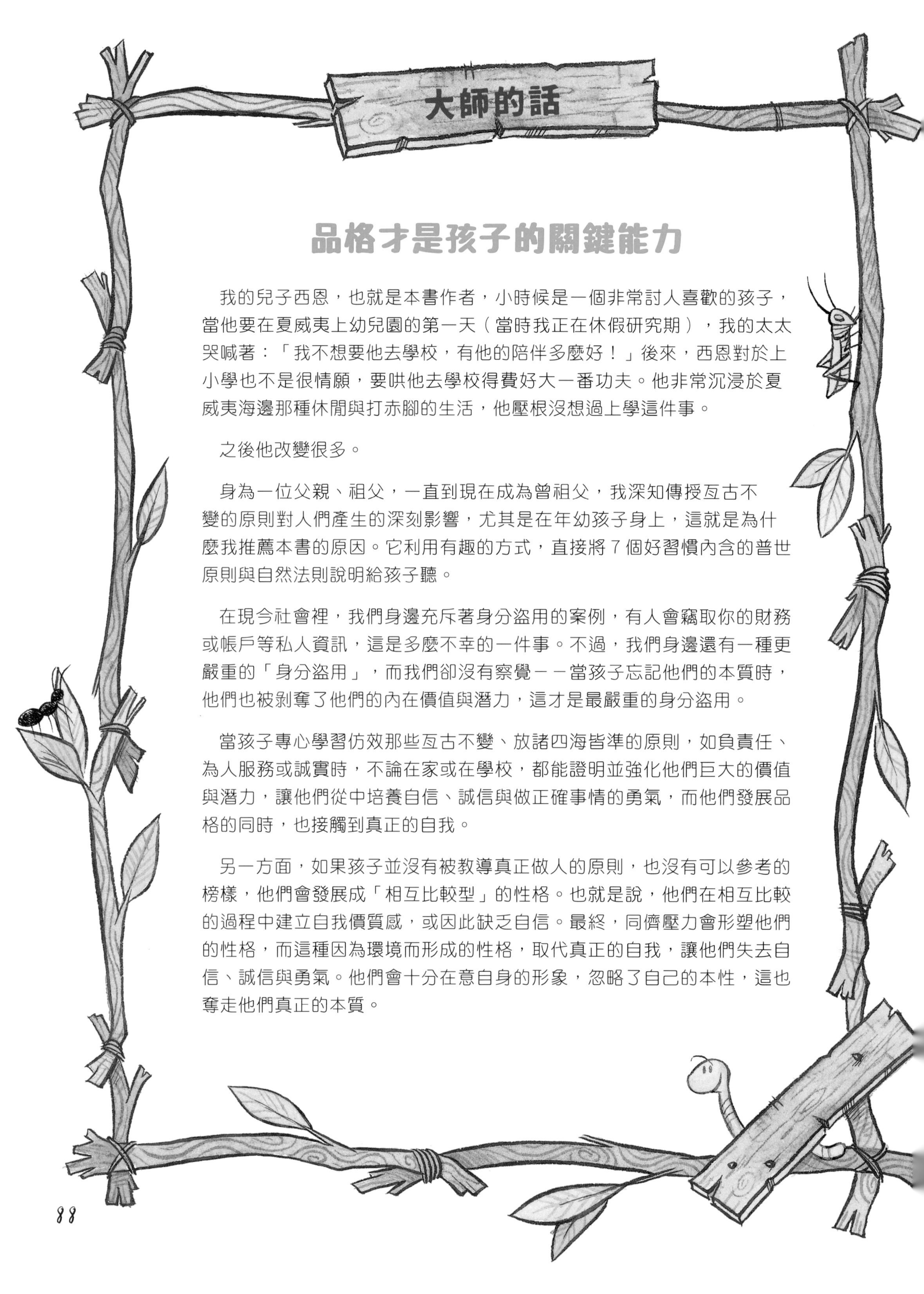

大師的話

品格才是孩子的關鍵能力

我的兒子西恩，也就是本書作者，小時候是一個非常討人喜歡的孩子，當他要在夏威夷上幼兒園的第一天（當時我正在休假研究期），我的太太哭喊著：「我不想要他去學校，有他的陪伴多麼好！」後來，西恩對於上小學也不是很情願，要哄他去學校得費好大一番功夫。他非常沉浸於夏威夷海邊那種休閒與打赤腳的生活，他壓根沒想過上學這件事。

之後他改變很多。

身為一位父親、祖父，一直到現在成為曾祖父，我深知傳授亙古不變的原則對人們產生的深刻影響，尤其是在年幼孩子身上，這就是為什麼我推薦本書的原因。它利用有趣的方式，直接將 7 個好習慣內含的普世原則與自然法則說明給孩子聽。

在現今社會裡，我們身邊充斥著身分盜用的案例，有人會竊取你的財務或帳戶等私人資訊，這是多麼不幸的一件事。不過，我們身邊還有一種更嚴重的「身分盜用」，而我們卻沒有察覺——當孩子忘記他們的本質時，他們也被剝奪了他們的內在價值與潛力，這才是最嚴重的身分盜用。

當孩子專心學習仿效那些亙古不變、放諸四海皆準的原則，如負責任、為人服務或誠實時，不論在家或在學校，都能證明並強化他們巨大的價值與潛力，讓他們從中培養自信、誠信與做正確事情的勇氣，而他們發展品格的同時，也接觸到真正的自我。

另一方面，如果孩子並沒有被教導真正做人的原則，也沒有可以參考的榜樣，他們會發展成「相互比較型」的性格。也就是說，他們在相互比較的過程中建立自我價質感，或因此缺乏自信。最終，同儕壓力會形塑他們的性格，而這種因為環境而形成的性格，取代真正的自我，讓他們失去自信、誠信與勇氣。他們會十分在意自身的形象，忽略了自己的本性，這也奪走他們真正的本質。

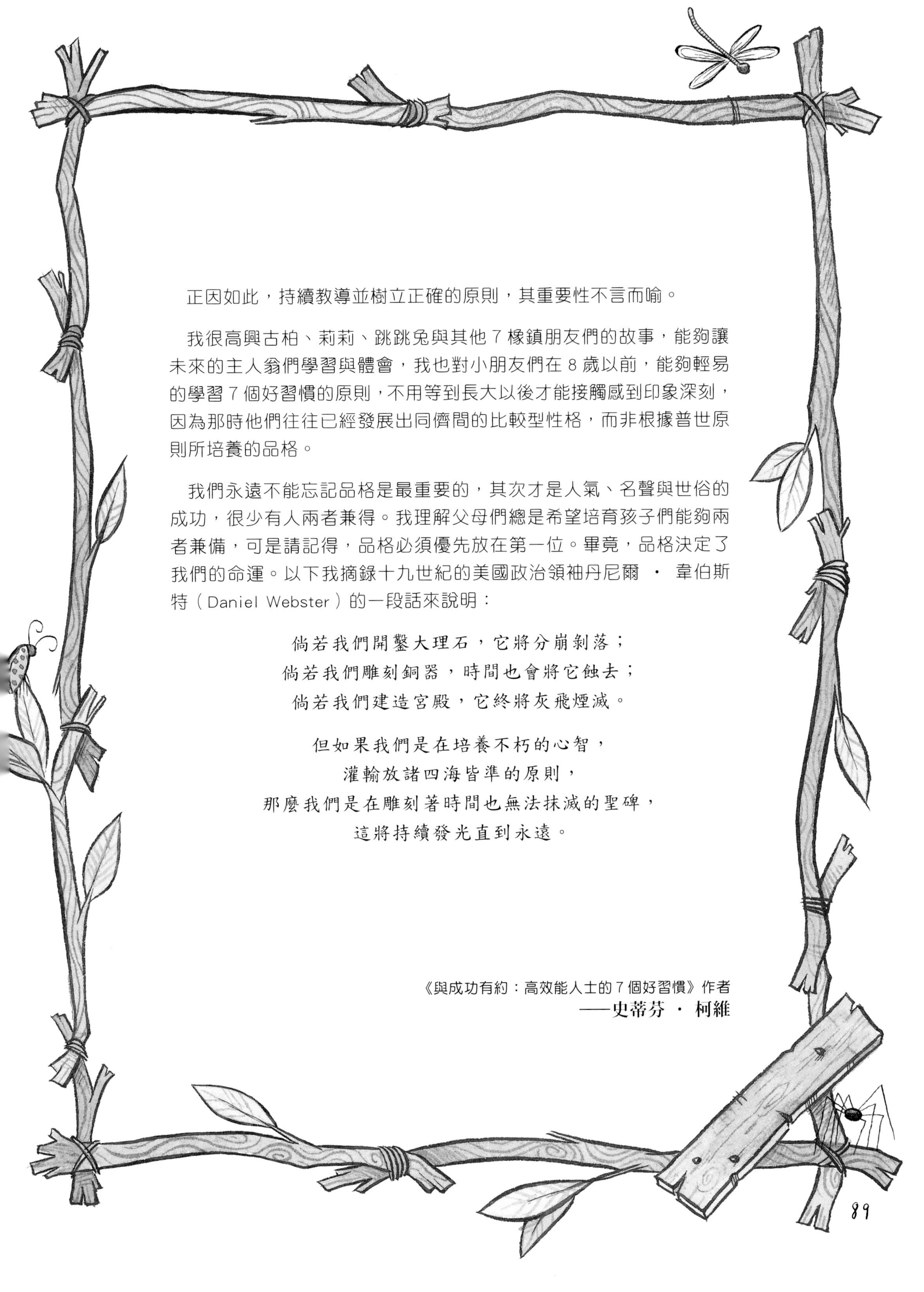

正因如此，持續教導並樹立正確的原則，其重要性不言而喻。

我很高興古柏、莉莉、跳跳兔與其他 7 橡鎮朋友們的故事，能夠讓未來的主人翁們學習與體會，我也對小朋友們在 8 歲以前，能夠輕易的學習 7 個好習慣的原則，不用等到長大以後才能接觸感到印象深刻，因為那時他們往往已經發展出同儕間的比較型性格，而非根據普世原則所培養的品格。

我們永遠不能忘記品格是最重要的，其次才是人氣、名聲與世俗的成功，很少有人兩者兼得。我理解父母們總是希望培育孩子們能夠兩者兼備，可是請記得，品格必須優先放在第一位。畢竟，品格決定了我們的命運。以下我摘錄十九世紀的美國政治領袖丹尼爾 ・ 韋伯斯特（Daniel Webster）的一段話來說明：

倘若我們開鑿大理石，它將分崩剝落；
倘若我們雕刻銅器，時間也會將它蝕去；
倘若我們建造宮殿，它終將灰飛煙滅。

但如果我們是在培養不朽的心智，
灌輸放諸四海皆準的原則，
那麼我們是在雕刻著時間也無法抹滅的聖碑，
這將持續發光直到永遠。

《與成功有約：高效能人士的 7 個好習慣》作者
——史蒂芬 ・ 柯維

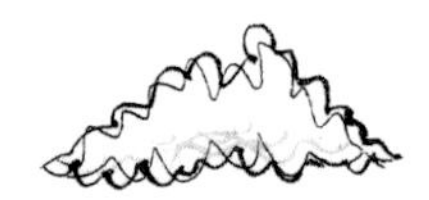

誠摯感謝

這本書是一個傑出團隊以一種非比尋常的協作方式共同努力的產物。雖然我們都有特定的角色，但每個人都對任何事情都有發言權，因此達到真正的統合綜效，就像是一加一等於十。在此尤其感謝：

感謝技藝高超的插畫家史戴西．柯提斯（Stacy Curtis），他的繪畫使這些角色栩栩如生。史戴西，你的藝術從未停止讓我們驚歎不已！

感謝充滿天賦的瑪格麗．庫勒（Margery Cuyler），感謝她的機智和魅力，感謝她與我並肩工作數月，為孩子將7個習慣轉化為有趣的角色和令人難忘故事。

感謝西蒙與舒斯特（Simon & Schuster）的世界級團隊，感謝我們的編輯考特尼．邦吉拉蒂（Courtney Bongiolatti）和賈斯汀．昌達（Justin Chanda），他們在整個專案中都非常專業和熱情，並在各個方面做出貢獻；感謝魯賓．普費弗（Rubin Pfeffer）一開始便為本書創造了願景。

感謝我的朋友和同事安妮．奧斯瓦爾德（Annie Oswald），她擔任我最稱職的專案領導人，不斷的協調事務並向前推進。

感謝我才華橫溢的妹妹科琳．布朗（Colleen Brown），她貢獻了許多有見地的想法，使這本書更加有趣和引人入勝。

謝謝團隊。這真是一個有趣並令人感到開心的專案。7橡鎮的孩子們萬歲！

——西恩．柯維

作者｜**西恩・柯維**（Sean Covey）

富蘭克林柯維公司的執行副總，專責教育部門。史蒂芬・柯維之子，哈佛大學企管碩士。致力於將領導力原則及技能帶給全球的學生、教育工作者、學校，以期帶動全球的教育變革。他是《紐約時報》的暢銷書作者，著作包括：《與未來有約》、《與成功有約兒童繪本版》，以及被譯成二十種語言、全球銷售逾四百萬冊的《7個習慣決定未來》。

繪者｜**史戴西・柯提斯**（Stacy Curtis）

美國漫畫家，插圖畫家和印刷師，同時也是理查德・湯普森（Richard Thompson）連環畫《薩克》的著墨人。柯提斯和他的雙胞胎兄弟在肯塔基州的鮑靈格林（Bowling Green）長大，年輕的史戴西夢想著在這裡創作連環漫畫。

譯者｜**柯沛寧**（沛德國際教育機構執行長）

擁有多年臺美兩地豐富的教學經驗。美國賓州大學經濟與系統工程雙學士，哥倫比亞大學教育領導碩士學位。曾任國高中教師，2013年成立社會企業為臺灣教育界引進柯維「自我領導力教育」，身為《高效能人士的7個習慣》引導師與教練，現致力推動臺灣教育創新、學校組織發展及人才培訓，進而影響老師實踐品格教育、啟發孩子天賦。

知識繪本館
與成功有約的7個好習慣(兒童領導力養成篇)

文｜西恩・柯維 Sean Covey
圖｜史戴西・柯提斯 Stacy Curtis　譯｜柯沛寧

責任編輯｜詹嫣馨　美術設計｜陳宛昀　行銷企劃｜王予農
天下雜誌群創辦人｜殷允芃　董事長兼執行長｜何琦瑜

媒體暨產品事業群
總經理｜游玉雪　副總經理｜林彥傑
總編輯｜林欣靜　行銷總監｜林育菁
主編｜楊琇珊　版權主任｜何晨瑋、黃微真

出版者｜親子天下股份有限公司
地址｜台北市104建國北路一段96號4樓
電話｜(02)2509-2800　傳真｜(02)2509-2462
網址｜www.parenting.com.tw
讀者服務專線｜(02)2662-0332　週一～週五 09:00-17:30
讀者服務傳真｜(02)2662-6048
客服信箱｜parenting@cw.com.tw
法律顧問｜台英國際商務法律事務所・羅明通律師
製版印刷｜中原造像股份有限公司
總經銷｜大和圖書有限公司　電話｜(02)8990-2588

出版日期｜2024年2月第一版第一次印行
2024年9月第一版第五次印行
定價｜480元
書號｜BKKKC260P
ISBN｜978-626-305-676-3(精裝)

訂購服務
親子天下Shopping｜shopping.parenting.com.tw
海外・大量訂購｜parenting@cw.com.tw
書香花園｜台北市建國北路二段6巷11號　電話｜(02)2506-1635
劃撥帳號｜50331356 親子天下股份有限公司

國家圖書館出版品預行編目資料

與成功有約的7個好習慣/西恩.柯維(Sean Covey)文；史戴西.柯提斯(Stacy Curtis)繪；柯沛寧譯. -- 第一版. -- 臺北市：親子天下股份有限公司, 2024.02
面；　公分. -- (知識繪本館)
兒童繪本版
譯自：The 7 habits of happy kids.
ISBN 978-626-305-676-3(精裝)
1.CST: 修身 2.CST: 兒童教育 3.CST: 成功法

192.11 112022871

永恆山峰群
沙丘
北方樹林
水獺之家
櫻桃溪
秋千
山羊島